最让**孩子**惊奇的

科学异想

高　格　高龙柱　编著

光明日报出版社

图书在版编目（CIP）数据

最让孩子惊奇的科学异想 / 高格，高龙柱编著 . ﹣﹣北京：光明日报出版社，2011.6（2025.4 重印）

ISBN 978-7-5112-1126-2

Ⅰ . ①最… Ⅱ . ①高… ②高… Ⅲ . ①科学知识—少儿读物 Ⅳ . ① Z228.1

中国国家版本馆 CIP 数据核字 (2011) 第 066578 号

最让孩子惊奇的科学异想

ZUI RANG HAIZI JINGQI DE KEXUE YIXIANG

编　著：高　格　高龙柱

责任编辑：李　娟　　　　　　　　　　责任校对：文　蘱
封面设计：玥婷设计　　　　　　　　　责任印制：曹　诤

出版发行：光明日报出版社

地　　址：北京市西城区永安路 106 号，100050

电　　话：010-63169890（咨询），010-63131930（邮购）

传　　真：010-63131930

网　　址：http://book.gmw.cn

E－mail：gmrbcbs@gmw.cn

法律顾问：北京市兰台律师事务所龚柳方律师

印　　刷：三河市嵩川印刷有限公司

装　　订：三河市嵩川印刷有限公司

本书如有破损、缺页、装订错误，请与本社联系调换，电话：010-63131930

开　　本：170mm×240mm

字　　数：207 千字　　　　　　　　印　张：15

版　　次：2011 年 6 月第 1 版　　　　印　次：2025 年 4 月第 3 次印刷

书　　号：ISBN 978-7-5112-1126-2-02

定　　价：49.80 元

前　言

　　爱因斯坦曾经说过："谁要是不再有好奇心，也不再有惊讶的感觉，就无异于行尸走肉。"英国著名教育学家洛克同样认为："儿童的好奇心，是一种追求知识的欲望，应加以鼓励。这不仅因为它是一种好现象，而且因为它是自然世界给他们提供的一个很好的工具，可以帮儿童去除天生的无知。"可见，好奇心和惊讶感对于孩子的成长与进步至关重要。那么怎样才能激发起孩子们的好奇心呢？研究表明，"科学异想"是少年儿童探究科学真理、激发想象力和求知欲的最佳途径。

　　《最让孩子惊奇的科学异想》正是一本用奇思妙想帮助孩子探索科学世界的智慧书。"伸手就能够到星星该多好""夏天能下雪吗""时间倒转会怎么样""植物怎么不会跑"……书中所选的让人目瞪口呆的科学异想，都是他们在课本中找不到标准答案、家长也无法做出准确解答的"异想天开"。本书针对孩子的阅读需求和理解能力，巧妙地通过灿烂星空的遐想、地上地下的神奇、"老天爷"的戏法、难以捉摸的世界、伟大的人类智慧、这就是我们人类、人类以外的生命、世界会颠倒吗等八个部分，以孩子的视角观察世界、思考问题，用孩子的语言给他们讲解关于宇宙、地球、气候与天气、物理现象、科学技术、生理与心理、生物世界等诸多异想中蕴含的科学道理。考虑到孩子知识储备有限，在阐释每一个科学异想的同时，我们还设置了同样妙趣横生的相关知识链接等栏目，帮助孩子在探

1

究他们感兴趣的问题时，拓宽知识面、锻炼动手动脑的能力，形象理解原本深奥、抽象的科学理论。

让孩子在快乐阅读中轻松掌握科学知识，激发孩子无穷的想象力和创造力，就从《最让孩子惊奇的科学异想》开始吧！

目 录

目 录

灿烂星空的遐想

——宇宙

天边的外边是什么

在现代交通工具的帮助下，人类已经没有翻不过去的高山，没有跨越不了的大海，我们知道山的外边是什么，我们知道海的彼岸在哪里。但是很多次，我们支起脑袋仰望着幽深的夜空，都会想到一个古老的问题：天边的外边是什么呢？没有人能够确切地回答这个问题，即使是借助最先进的天文望远镜。人类所能观察到的天空，也不过是茫茫宇宙的一角。

科学家已经观测到的距离我们最远的星系在130亿光年以外，也就是说，如果从那个星系上发出一束光，最快也要经过130亿年才能到达我们地球，这130亿光年的距离就是我们现在所能知道的宇宙的范围。换句话说，一个以地球为中心，半径为130亿光年的球形空间就是我们现在所知道的宇宙。当然，宇宙的中心并不真的是地球，宇宙也未必就是球形，但是我们所认识到的目前只有这么多。至于130亿光年以外的宇宙是什么样子的，也许长大以后，也许你能回答这个问题。

科学家们认为，宇宙的诞生，源于137亿年以前的一次大爆炸，

这个爆炸产生的影响至今还在继续，宇宙还在膨胀。通过这个观点，我们可以联想到盘古开天辟地的传说。在很久很久以前，宇宙像一个漆黑一团的鸡蛋，里面有一个叫作盘古的人在睡觉。有一天盘古醒来了，睁眼一看四周黑漆漆的，于是顺手抄起一把板斧，向黑暗深处劈去，只听见一声天崩地裂的巨响，天和地就分开了，而宇宙就产生了。

宇宙大爆炸所产生的尘埃，形成了无数的星体，人们已经发现和观测到的星系大约有 1 250 亿个，而这些星系中又拥有几百到几万亿颗像太阳一样的恒星。通过这些天文数字，我们可以想象一下宇宙的大小，也许就算是乘坐你丰富的想象力，也无法到达宇宙的

宇宙还在不断扩大

宇宙的边缘正在以对于我们来说不可思议的速度向外扩展，各个星系间的空间也在不断地增大，或者可以这样说，夜晚在天空中闪闪发光的星星们，大多正在离我们远去。

曾经有位科学家打过这样的比喻，他说，如果把星系比作是一个葡萄干，那么宇宙就像是一个已经烤好了的，而且还在不断膨胀的葡萄干面包。从他的话中，我们可以理解到，宇宙内的星系没有变大，只是星系间的距离在不断拉大。

宇宙向外扩张的速度有多快？科学家们发现，距离我们越远的星系离开我们的速度越快。比如，一位美国科学家测算出，距离我们约2.5亿光年的星座和星云，正以每秒6700千米的速度离我们远去，5.7亿光年外的狮子座星云以每秒19500千米的速度越走越远，12.4亿光年的牵牛座星云也在以每秒39400千米的速度离我们远去。虽然，这位科学家的测算并没有得到一致的认同，但是宇宙在扩张却已经是不争的事实了。

边上！在这个浩瀚的宇宙之中，地球真的像是沧海一粟，渺小得微不足道！

河外星系

我们知道太阳系并不是宇宙的全部，它不过是银河系中的一个小星系，同样银河系也不过是整个宇宙的沧海一粟。

除了银河系以外，科学家们已经发现了大约10亿个和银河系类似的星系，这些星系统称为"河外星系"。河外星系具有各种不同的形状，不同的颜色，给广袤而静寂的宇宙增添了不少色彩。

从形状上来看，科学家们把众多河外星系大体分为3大类。第1类是漩涡星系，这类星系的外形就像漩涡一样，一般从核心部分螺旋式伸出几条旋臂，形成漩涡形态；第2类是椭圆星系，顾名思义，这种星系的外形是椭圆形的；第3类，是不规则星系，除以上两种外，其他星系都归于这一类。

伸手就够到美丽的星星该多好

晴朗的夜晚，当我们坐在庭院仰望繁星闪耀的夜空时，就会有一个冲动，要是伸手就能摘下一颗星星该多好啊！那样的话我们就可以把闪闪发光的星星装进玻璃瓶里，不但可以用它照明，还可以把它当作礼物送给我们的朋友。

不只是现代人有这样的想法，就是古人也曾有过同样的幻想，"危楼高百尺，手可摘星辰"正是他们这个愿望的真实反映。可是，这是无法实现的，因为，星星不仅不像我们看到的那样小，它们离我们也很遥远，并且它们也不只是高挂在天空上，它们都在沿着自己的轨道运行着，如果哪颗星星真的被我们摘下来，可就要"天下大乱"了。这个"天下"就是宇宙。

宇宙是广阔空间和存在其中的各种天体、各种物质的总称，而我们想要摘下来的星星就是宇宙中的天体，有的是恒星、有的是行星、有的是彗星，它们在宇宙中都有自己特定的位置。要了解这些行星

5

在宇宙中的位置，我们只有请下面的图表帮忙了。

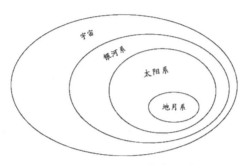

宇宙层次图

事实上，宇宙并不是这么简单的，也就是说，在这个宇宙层次中还有许多与银河系、太阳系、地月系相同的天体系统，并且在每

体积最大的星和最小的星

如果我要问，"天上最大的星星是哪颗？"请不要回答"是太阳"。我们应该知道太阳看起来很大，只不过是因为它距离我们更近一些罢了。那么天上最大的星星是哪一颗呢？

在晴朗的夏夜，天空的正南方有一颗红色的恒星叫作"心宿二"，它距离地球有410光年。因为距离的原因，它看起来并不大，但是事实上它的体积是太阳的2.2亿倍！也就是说2.2亿个太阳合并在一起才有它那样大。然而，就算是巨大的"心宿二"也不敢号称是最大的恒星，目前已知的恒星中最大的是御夫座的"柱六"，说出来可能会吓你一大跳，它的体积大约是太阳的200亿倍！

是不是所有的恒星都是庞然大物呢？恒星世界中是不是也有"侏儒"呢？目前已经探测到的恒星中，最小的是蟹状星云中的一颗中子星，它的直径只有20千米，体积不到地球的1/637，是名副其实的"袖珍恒星"。

你看，体积最大的恒星和最小的恒星之间的差距是多么大啊！

天上的星星有多少

你能数出天上的星星有多少吗？遇到这样的问题，你肯定摇头，因为当我们在晴天的夜晚仰望星空时，感觉好像到处都是星星，并且星星们还一闪一闪地和我们捉迷藏，让我们根本就无法弄清楚到底有多少颗。就像儿歌里唱的那样，"天上星，亮晶晶，数来数去数不清"。

其实，整个天空用肉眼能看到的星星总共不超过7000颗，而且因为我们站在地球上只能看到半个天空，所以，我们通常所见的星星不过3500颗左右。

当然，这7000颗绝不是星星的实际数目，实际确实是不计其数的。

个天体系统中还有其他物质存在。

太阳系：包括太阳、行星（其中包括地球）、行星的卫星（其中包括月球）、小行星、彗星、流星体及行星际介质等。其中地球与月亮构成的天体系统称为地月系。

银河系：包括各类恒星和恒星集团。恒星集团包括变星、双星、聚星、星团、星云和星际介质。太阳是银河系中的一颗普通恒星。

河外星系：简称星系，指位于我们银河系之外、与我们银河系相似的庞大的恒星系统，以及由星系组成的更大的天体集团，如双星系、多重星系、星系团、超星系团等。

此外还有分布在星系与星系之间的星系际介质。

现在看来，宇宙星空绝不像我们夜晚用肉眼看到的那么简单。另外，从它们距离我们的位置看——距离地球最近的金星，离我们最近的时候距离也有4.3亿千米——我们也不可能伸手就够到它们。

我想知道天到底有多高

　　天有多高呢？这确实是个不好回答的问题，因为不同地方的天有不同的高度。比如我们头顶的天显得很高，看起来似乎没个尽头似的，然而当我们极目远眺的时候，会发现原来远处的天空还没有一棵大树高。所以，我们似乎可以得出一个结论，天是半圆形的，而地是方形的。如果要问天有多高，那么首先要说明是什么地方的天，如果是远方的天，那么它就约等于一棵大树的高度。

　　怎么样，对于这个答案你满意吗？它看起来好像很有道理哦。我想你一定会笑出声来的，"天圆地方"这是古人才有的观念呀，现在都什么年代了，连小孩都知道地球是圆的了。而且无论在什么地方，天的高度都远远不是一棵大树所能丈量的，远方的天没有大树高，那不过是一种错觉罢了。

　　其实，古人所说的"天高"，实际上指的是地球到太阳的距离，因为远远看上去太阳就像是挂在天空上一样。那么到底怎样测量地球到太阳的距离呢？西汉时的《周髀算经》上介绍上了一个方法，就是利用不同地方日影的长短不一，根据三角形的勾股定理来测量，

结果用这个方法测量出来的天高是 4 000 千米。古希腊的时候，有一个叫作阿里斯塔克的天文学家也测量过天高，他利用的是太阳、月亮和地球三者之间的位置关系，最后测量出来的结果是：地球到太阳的距离是地球到月亮距离的 18～20 倍。

今天看来，古人测算出来的数据并不准确，因为根据现代科学家的测算太阳到地球的平均距离是 149 597 870 千米，约等于 1.5 亿千米，相当于地月距离的 400 倍！1.5 亿千米，这对于没有出过"远门"的地球人来说，是难以想象的天文数字。打个比方吧，如果在

盖天说和浑天说

我国古代的人们对天地的认识是非常模糊的，不清楚什么是天，什么是地，只知道天在上面，地在下面。后来经过长期的观察和琢磨，春秋时期有人提出"天圆地方说"，意思是地像棋盘一样是方的，天像锅一样倒扣在地上面，天和地形成半个球壳。

后来古人又对"天圆地方说"进行了修改，认为天像一个斗笠，中间高四周低地盖在地上，而地也像一个倒扣的大盘子，也是中间高四周低。这些说法都把天看成一个盖子盖在地面上，所以统称为"盖天说"。

但是"盖天说"不能解释为什么太阳从西边落下了，却又从东边升起了这样的问题，所以后来又产生了新的天地观念，叫作"浑天说"。

浑天说认为，天和地的关系，就像是鸡蛋壳和鸡蛋黄的关系一样，天包裹着地，形成一个浑圆如同弹丸的形状，所以叫作"浑天说"。"浑天说"与"盖天说"相比有很大的进步，它能很好地说明日月星辰一天的运动和太阳的周年运动，便于古人进行天文观测和编订历法。虽然"浑天说"与事实情况还有很大的差距，但是在工具简陋的古代，能提出这样的观念也是难能可贵的了。

地球和太阳之间铺成一条康庄大道，一个人以 5 000 米／小时的步行速度向太阳进发，那么他需要不停地走 3 400 多年才能到达目的地，也就是说一个人从三国时期就开始出发，走到现在也不过仅仅走了一半的路程。如果地球和太阳之间有一条标准的铁路，一辆高速列车以 100 千米／小时的速度行驶，也需要约 170 年才能从地球到达太阳；1.5 亿千米的距离，就连声音也要走很长时间，如果太阳上某一天发生了一次大爆炸，而且这个爆炸的声音能够传到地球上，那么人们听到这个声音的时候，距离爆炸发生的时间大约已经过去了约 14 年。

我们知道，世界上跑得最快的东西就是光了，它的速度约为 30 万千米／秒。以这个速度来计算，太阳发出的光到地球要用 8 分 19 秒，也就是说我们现在感受到的阳光是太阳在 8 分 19 秒以前发出的，而我们现在所看到的太阳也是它 8 分 19 秒以前的样子。

到天河里去"游泳"多美妙

农历七月七日，是中国的情人节，传说每年的这一天牛郎和织女都会在天河上相会，到时候所有的喜鹊都会去给这对情人搭桥。如果七夕这天的夜晚，你躲在葡萄架下面仔细听，说不定还能听到牛郎和织女二人互诉衷肠呢！

这么热闹的节日，如果能同喜鹊们一起去天河玩耍就好了，这样不是比躲在葡萄架下面敛声闭气地听人言语更好吗？况且，七夕节正是一年中最热的时候，还可以顺便到天河里面去游游泳，天河里面的水一定非常清澈、非常清凉，在那里面游泳一定舒服极了，只是不知道天河的岸边有没有沙滩，有没有救生圈出租，如果真的去的话是否还要准备一下呢？

好了，如果你能够到达天河，你会发现原来天河根本就不是一条河，它只不过是一条由无数恒星组成的恒星带。这些恒星发出灿烂的光芒，周围又弥漫着星际五颜六色的尘埃气体，远远看去就像是一条烟雾弥漫的光带，我们在地球上所看到的"粼粼的波光"，就是这条光带发出来的。

11

星　系

　　在天文学上，人们把由千百亿颗恒星以及围绕在这些恒星周围的大量星际尘埃和星际气体所组成的，占据上万亿光年空间距离的天体系统叫作星系。银河系就是一个星系，而太阳不过是银河系中一颗普通的恒星。

　　广袤的宇宙中，银河系并不是其中唯一的星系，人们已经观测的星系已经有好几万个了。不过这些星系距离地球太过遥远，即便是借助最先进的天文望远镜，也只能看到朦朦胧胧的云雾状的样子。一般来说，我们把银河系以外的星系统称为"河外星系"。

　　星系的形状是多种多样的，科学家们粗略地把他们划分成"椭圆星系"、"透镜星系"、"漩涡星系"、"棒旋星系"和"不规则星系"5种。此外星系在宇宙中的分布也很不均匀，它们往往聚集成团，有的三五成群，形成"星系群"，有的则成百上千个聚集在一起形成规模庞大的"星系团"。

　　这条光带就是银河系的主体部分，银河系里面有包括太阳在内的一两亿颗恒星和大量的星团、星云和各种类型的星际气体、宇宙尘埃，它的总重量大约是太阳的1400亿倍。银河系从远处看来就像是一个巨大的铁饼，铁饼中间微微凸起的部分叫作核球，核球的中间叫作银核或者银心，四周叫作银盘。在银盘外围的一个球形的空间称为"银晕"，这里的恒星稀疏，而且多是"年迈"的恒星。银河系里面包含的大量气体和尘埃，其总质量大约占银河系的10%，它们分布不太规则，有的聚集成星云，有的则散布在星际空间。

　　值得一提的是，银核是银河系中一个非常特殊的地方，它的性质科学家们至今还没有定论，有人推测里面可能是一个巨型的黑洞，

它的重量是太阳重量的几千万倍。所以，如果你到达天河的时候，千万不要轻易靠近天河的中心，因为它可能会像一个巨大的漩涡一样立即把你吸进去，而漩涡里面到底是什么东西，没有人知道。

宇宙尘埃

宇宙中，在各个星体之间，并不是一片真空，而是有大量的岩石颗粒和金属颗粒漂浮在其中，这些不起眼的颗粒就是宇宙尘埃。

从成分上来说，宇宙尘埃与地球的组成成分没有什么不同，但是由于种种原因，这些尘埃没有组成一个星体，而是悬浮在宇宙空间。在一定的引力作用下，这些尘埃往往会聚集在一起，形成一片烟雾，从天文望远镜上观看，这些烟雾散发出五颜六色的光彩，人们形象地把它称为"星云"。

但是这些看起来绚丽多彩的星云，对我们的生活却有着诸多有害的影响。据统计，宇宙中每小时都会有约1吨重的尘埃光临地球，这些尘埃聚集在地球上，很可能是一些自然灾害的源头。有些古生物家认为，地球上一些生物的灭亡就和宇宙尘埃有关。此外，还有一个更为令人吃惊的说法，美国科学家认为，感冒病毒并不是地球本身产生的，这一病毒就是宇宙尘埃带进来的。

星星掉到地上会怎样

通过阅读前面的文章，我们不得不遗憾地放弃用手够下星星的宏伟计划，而且在长长的竹竿上绑上网兜，从而套住星星的想法也宣告破灭了，这实在是一件令人沮丧的事情。骄傲的星星轻蔑地眨着眼睛，仿佛是在嘲笑我们的无能为力，也许我们真的无能为力，只能这样无限向往地仰望星空，但是乐观的小朋友或许会说："好吧，我够不到星星，也许星星自己会掉下来呢？这样就可以摸到她了。"星星掉到地上来，这个想法虽然有点守株待兔的嫌疑，但是这似乎是我们接近星星的唯一希望了。

星星会不会掉到地上来呢？掉到地上会发生什么事情呢？一般来说，星星都有她们自己的运行轨道，就像我们每天的上学、放学一样，她们也要周而复始地一直运行下去，不会轻易"逃学"来地球旅游观光。但是偶尔也会有调皮的星星不辞万里来到地球。然而这些星星要顺利着陆却不是一件容易的事情，地球的外部有一层空气，叫作"大气层"，星星在通过大气层的时候，会因为摩擦而生热，甚至燃烧起来。她以极快的速度向地面靠近，如果在晴朗的夜空，

14

我们可以清晰地看到她的运行轨迹，那是一道明亮而美丽的弧线，这就是所谓的"流星"。体积比较小的星星在到达地面前就会燃烧殆尽，而体积大一些的星星会顺利地穿过大气层，她很有可能会降落在海洋里，因为地球的表面有 2/3 的面积是海洋，当然也有 1/3 的可能降落到陆地上。降落到地球表面的星星我们称之为"陨石"。

我们最好祈祷穿过大气层的陨石体积不要很大，因为巨大的陨石并不像你所想象的那样温柔，她以极大的速度冲进海洋里，势必引起巨大的海啸；撞击到地面上，不仅会将地面上的建筑物砸得粉碎，还会腾起大量的灰尘，这些灰尘飘浮到空中，会在大气层停留一段时间。如果陨石足够大的话，灰尘停留在大气层中的时间可能长达几年。这些灰尘会遮住阳光，使地球的温度下降，植物会因此

流　星

在太阳系广袤的空间中，布满了尘埃一样的流星体，当这些流星体以高速闯入地球大气层后，形成发光发热的现象，这时人们把它们称作"流星"。

大多数情况下，流星好像是夜空中的"散兵游勇"，它们不规则地出现在夜空的不同方位，属于偶发性的。除此之外，还有一类经常成群出现的流星群，它们有十分明显的规律性，几乎在固定的日期、固定的天区范围内出现，叫作周期性流星。流星群在进入大气层时，形成美丽壮观的"流星雨"，当流星雨出现时，成千上万的流星如同礼花一样从空中某一点附近迸发出来，这一点叫作辐射点。人们常常用辐射点所在位置的星座来为该周期性流星群命名，如"狮子座流星雨"等。出现在 1833 年 11 月的狮子座流星雨是历史上最为壮观的一次大流星雨，当时每小时下落的流星有 35000 颗之多。

而无法生长，而人类只能躲进屋内，抱着被子取暖。有科学家认为，6 500万年以前，正是因为陨石撞击地球，引起灰尘遮住阳光和火山爆发，才使得恐龙和当时的大多数生物灭绝。

现在，你也许不会希望星星降落到地面了，你和科学家的想法一样。根据观察统计，科学家们推算出，大约每5 000年可能会发生一次体积庞大的星体"光临"地球的事情。考虑到她将带来的巨大灾难，科学家们不打算做好客的主人，而是要趁她还在远处时，就用炸弹让她改变运行轨道，从而保护地球上的生命。

陨 石

在大气中没有燃烧殆尽而降落到地面上的流星体残骸叫作"陨石"或者"陨星"。陨石的大小不一，成分各异，有铁陨石、玻璃质陨石、陨冰等。陨石的来源可能是小行星、卫星或彗星分裂出来的碎块，因此其内部携带着这些天体的组成成分，人类可以借以分析天体的形成和演化规律。

陨石撞击陆地表面就会形成陨石坑，地球上现存的、比较完整的陨石坑有150多个，其中最著名的要数位于美国亚利桑那州北部荒漠中的大陨石坑，它直径1245米，深达172米，大约是20 000年前，一块重达10多万吨的铁陨石冲撞地面留下的"杰作"。

天上没有太阳会怎样

"如果有一天太阳不见了该怎么办呀？"这个问题看起来很好笑，但是如果真的发生了，确实是个可怕的事情呢！事实上太阳总有一天会熄灭的，就像一根蜡烛总有燃尽的一天，但是这一天可能要到50亿年以后才能到来，也许在那以前，人类早已搬到另一个"太阳"的旁边去居住了，所以我们大可不必对此太过担心。

白矮星

白矮星是一种光度很小、体积很小、密度却很大的恒星。因为它的颜色呈白色，体积矮小，所以被称之为白矮星。

白矮星是演化发展到晚期的恒星，目前人们观测发现到的白矮星有1000多颗，这些白矮星的平均半径低于1000千米，不到地球的1/6；白矮星表面吸引力约为地球的10～10000倍，所以如果有人能够到达白矮星的话，他可能连站都站不起来，全身的骨骼都会被自己的重量所压碎；白矮星的表面温度很高，约为1000℃。

17

实际上太阳不过是宇宙中无数恒星中的一个，它之所以看起来比其他星球更亮，是因为与其他星球相比，太阳距离我们更近罢了。从宇宙照片上，我们可以看到很多的星球，其中有蓝色的、红色的，还有的和太阳一样呈黄色。这些星球之所以呈现出多种多样的颜色，是因为它们的温度不同。那么，红色星球和蓝色星球之间，到底哪一个星球的温度更高呢，你也许会觉得这个问题很愚蠢，认为红色是不容置疑的答案。事实上，红色星球是所有颜色的星球中温度最低的，而蓝色星球是温度最高的，黄色星球的温度介于二者之间。

太阳是一个巨大的炙热的星球，重量约为地球的 33 万倍。据科学家们分析，太阳的存在已经有 50 多亿年历史了，在这段漫长的时间内，它像一个无私的奉献者一样，不断地向四周散发着光和热。它看起来永远明亮而热烈，似乎与以前没有任何分别，但是事实上

超新星

宇宙中的星球并不是都像太阳一样燃烧得很缓慢，有些体积大、温度高的星球常常以极快的速度燃烧殆尽，这种星球就是所谓的超新星。超新星燃烧完大部分燃料以后，表面会化成碎片分散开来，形成多姿多彩的星云围绕着星球的核心。这叫作超新星爆发。

超新星在爆发时非常明亮，以至于人们在大白天也能轻易地发现。超新星非常罕见，银河系里面最近一次出现超新星还要追溯到 1000 年以前。透过天文望远镜，你可以发现那次超新星爆炸所形成的星云至今仍在四处飘荡，被人们称之为"蟹状星云"。

一颗体积巨大的超新星爆炸后，其核心有时候会无限地收缩，最后形成一个体积趋近于零的神秘天体——黑洞。黑洞的吸引力非常惊人，甚至连光都逃不脱它的掌心。

与我们所见过的所有事物一样，太阳无时无刻不在发生变化，它在不断地衰老。再过几十亿年，在太阳的寿命快要结束的时候，它会变成红色，体积要比现在膨胀许多倍，成为"红巨星"，那个时候如果地球上还有人的话，他将会看到红红的太阳占满整个天空的惊人景象！但这个人要有不可思议的耐高温的本领，否则他将会被轻而易举地烤化，因为那个时候虽然太阳的绝对温度降低了，但是因为体积巨大，其所释放出来的热量还是要比现在多很多倍，足以使海水沸腾起来！再往后，太阳会逐渐冷却缩小，变成一个亮度和体积都非常小的"白矮星"，最终在天空中消失。

月亮要是夜夜都是
圆的该多好啊

　　晴朗的夜晚，一轮圆月当空，给大地上的万物蒙上一层薄薄的白纱，有一种朦朦胧胧地美感和诗意。古代的文人墨客常常在月夜感怀伤世，写下流传千古的美文佳句，如"海上生明月，天涯共此时。""举杯邀明月，对影成三人。""明月出天山，苍茫云海间"等等。但是好景不长，一月之中，满月的夜晚仅有一次，使人不禁发出"月亮要是夜夜都是圆的该多好啊！"的感叹。

　　月亮为什么会有圆缺的变化呢？这种现象是怎样产生的呢？原来，月亮和地球一样本身不会发光，人们在夜晚看到的月光，不过是月亮从太阳那里借来的光罢了。

　　月亮是地球的卫星，它绕着地球不停地旋转，而地球又不断地绕着太阳旋转，月亮、地球和太阳三者之间的相对位置在运行中就会不断地发生变化。农历的每月初一，月亮运行到地球和太阳中间，这时月亮对着地球的一面太阳照射不到，而太阳照射到的一面正好

地月系

月亮和地球构成一个天体系统，称之为"地月系"。 在地月系中，地球是中心天体，月亮是地球唯一的卫星，它由于受到地球吸引力的作用而围绕着地球公转。

月亮绕地球公转的轨道是一个椭圆形，所以随着月亮在公转轨道上位置的变化，它与地球之间的距离时远时近，平均距离为384404千米，是宇宙中距离地球最近的一个星球。1969年7月，美国的"阿波罗"号宇宙飞船首次搭载宇航员抵达月球，飞船从发射到抵达目的地仅用了4天的时间。

月亮在绕地球进行公转的过程中，自身也在不断地自转。它的公转周期和自转周期是一样的，都为27天7小时43分11.6秒，约等于27.32166天。正因为如此，我们在地面上永远只能看到月亮的一面，而月亮神秘的背面只有通过太空照片才能知道。

背对着地球，所以人们就看不到月亮，此时的月亮称为"新月"或者"朔月"。过了两三天之后，月亮的位置稍微改变了一点，这个时候月亮对着地球的一面就有一小半能被太阳照射到，所以人们就能看到月亮的一角，就像弯弯的眉毛，这时的月亮就叫作"蛾眉月"。此后月亮面对地球的一面被太阳照射到的面积越来越多了，于是人们看到的月亮一点点丰满起来，农历初七、初八的时候，人们已经能够看到半个月亮，这时候的月亮称之为"上弦月"。农历每月十五、十六的时候，地球位于太阳和月球之间，月亮面对地球的一面全被太阳照亮了，这个时候人们能够看到完美无缺的月亮，这就是"满月"了。满月以后，月亮继续移动，一点点地变"瘦"下来，到农历二十二或二十三的时候，人们又只能看到半个月亮了，叫作

21

"下弦月"。再过四五天，又会出现"蛾眉月"。到农历每月最后的一两天，月亮彻底消失，这时候的天空中只能看到满天的繁星了。等到下个月的开始一两天，月亮又开始出现了，于是新一轮的盈亏圆缺又开始了。

这就是为什么月亮有时候像一个大圆盘，有时候是半个圆，有时候又像一个弯弯的镰刀，总是变来变去的原因了。

卫　星

卫星是围绕行星公转的、本身不发光的星体，如月亮就是地球的卫星。卫星能够反射太阳光，但除了月亮以外，其他卫星的反射光都十分微弱。

太阳系有八大行星，按照距离太阳由近及远的顺序依次为：水星、金星、地球、火星、木星、土星、天王星、海王星，其中除水星和金星以外，其他6颗行星都有自己的卫星。目前已知地球有1颗天然卫星，火星有2颗，木星有63颗，土星有60颗，天王星有24颗，海王星有11颗，共计161颗天然卫星。

想到月宫里和小兔子一起玩

　　凉风习习的夏夜，一家人在院子里乘凉的时候，调皮的小伙伴总会缠着年迈的奶奶讲故事。于是我们知道了许多关于月亮的美丽传说：什么嫦娥奔月啦，吴刚伐桂啦等等，其中最让小朋友感兴趣的就是那个聪明可爱的小兔子了，它一身雪白，每天拿着一个玉杵，不停地捣药，"咚咚咚"，每当我们静下来的时候，好像真的能听到小兔子捣药的声音呢。仰望天上那一轮满月，真想飞到月宫去和可爱的小兔子一起玩玩。

　　但是天上真的有月宫吗？那看起来模模糊糊的影子，是嫦娥的翩翩舞姿，是吴刚挥斧砍树的剪影，是小兔子蹦蹦跳跳的样子，还是茂盛的桂树在临风摇曳呢？如果想到月宫去旅行就得先把里面的"景点"弄清楚。

　　为了搞清楚月亮上到底有什么，人类一直在不断地探索。经过一代又一代人艰辛的努力，到今天，人们终于弄清了月亮的本来面目。

23

月球环形山

"环形山"这个名字是意大利著名的天文学家伽利略所起的，它形状像"碗"，中间有一块圆形的平地，四周凸起一圈山环，是月球表面最显著的地形特征。

环形山几乎布满了整个月面，这些星罗棋布的环形山大小不一，有的直径达到200多千米，有的只不过是直径仅有几十厘米的小坑。现在已经观测到的直径超过1千米的环形山有33000多座，总面积占月球面积的7%～10%。

月球上最大的环形山是位于月球南极附近的贝利环形山，它直径295千米，比我国的海南岛还大一点。最高的环形山高达9000多米，比喜马拉雅山还要高，最深的环形山是牛顿环形山，有8788米深，就算阳光也照不到它的底部。

环形山都是用世界上著名的科学家和思想家的名字来命名的，如阿基米德环形山、牛顿环形山、哥白尼环形山、开普勒环形山等。在月球背面，以我国古代科学家的名字来命名的环形山有4座，它们是石申环形山、张衡环形山、祖冲之环形山、郭守敬环形山。另外，还有为纪念一位传说为尝试飞向天空而献身的中国明代人万户而命名的万户环形山。在月球正面有一座环形山以中国现代天文学家高平子而命名。

原来，月球表面布满了灰尘和碎石，坑坑洼洼的。在地面上看起来明亮的部分，是连绵不断的山脉，其中有像地球上一样的普通山脉，更多的则是星罗棋布的环形山；在地面上看起来昏暗的部分，并不是谁的影子，那是低洼而广阔的大平原。早期的天文学家用简单的望远镜观察月球的时候，以为发暗的地区是一片深蓝色的海洋，就像地球上的大海一样，他们还给这些"大海"取了名字，如云海、

湿海、静海等。现在已经命名了的"月海"有20多个，这些月海除了少数几个位于月球背向地球的一面以外，大多数都在月球面向地球的一面。其中最大的月海是风暴海，面积约为5000万平方千米。

月球上基本没有水，也没有空气，声音无法传播，因此是一片死寂的世界。它本身不能发光，天空永远是一片漆黑，能同时看到星星和太阳。月球上几乎没有大气，昼夜温差很大，白天在有阳光照射的地方，温度可以高达127℃，晚上在照不到阳光的位置，温度可以低到-183℃。在月球上，你可以看到很多有趣的现象，如阳光的照射是笔直的，有阳光照射的地方明亮得刺眼，没有阳光照射的地方则幽深得如同地狱。天上的星星似乎也被月球上的景象所吸引，眼睛一眨也不眨地盯着月球，没有在地球上看起来那样调皮可爱。

看来，月球不过是个荒凉的不毛之地，嫦娥和小兔子估计早就搬家了，那么我们的旅行计划还是暂且放一放吧。

到月球居住的设想

虽然我们不无遗憾地发现，月球上并没有传说中的月宫，不过没关系，科学家们已经开始研究在月球上建造房屋了，也许在不远的将来，月球上真的会出现宏伟的宫殿。

俄罗斯科学家在对月球表面的物质进行分析检测的基础上，认为月球很可能是空心的。基于这一认识，科学家们设想可以在月球表面挖掘一条通道，在月球的地壳深处建造一座地下月宫。这样，科学家们就可以以这座地下城堡为基地，从事天文观测、太空产品生产等活动了，而人们到太空旅游的时候也就有休息的旅馆了！

要能随时到太空
旅行该多好

　　驾驶着飞船到浩瀚的太空旅行，穿梭于明亮的月球和调皮的星星之间，追逐拖着长长尾巴的彗星，这或许是每一个爱做梦的小朋友最想实现的梦想之一。诚然，梦想和现实之间存在很长的距离，但是正是因为有梦想人类才不断地取得进步。没有人可以否定梦想实现的可能。现在就让我们在科学的指引下，去做一次太空旅行吧。

　　我们先去水星上游览。水星是距离太阳最近的行星，正如你所想到的一样，挂在水星天空上的太阳，比地球上的大多了，差不多大了 3 倍吧。但是水星上面没有大气层，所以，白天的时候，虽然有超级大的太阳，但是天空还是黑色的。水星上的气温变化很快，可能是距离太阳太近了的缘故吧，水星上的最高气温能够达到 350℃，这个温度足以使铅融化，所以我们在登陆的时候，一定要身着特殊材料的宇航服。但是到了夜间，因为没有大气层的保温作用，水星上的气温会降低到 −170℃，所以高质量的保暖内衣同样是必不

太空旅行第一人

　　苏联的宇航员尤里·加加林是进行太空旅行的第一人。1961年4月12日，加加林乘坐4.5吨重的东方1号宇宙飞船进入太空，在历时108分钟，行程40 000千米的旅途结束后，加加林顺利地回到了地球上。

　　作为人类历史上第一位宇航员，加加林受到了全世界人民的热烈欢迎，并被授予了列宁勋章和"苏联英雄"的称号。但是令人惋惜的是，1968年3月，加加林在进行一次飞行训练的时候，意外身亡。

可少的。在水星上面，我们看不到月亮，因为水星没有卫星，无论是在白天还是黑夜，我们所能看到的只有黑色的天空和不会眨眼睛的星星。

　　游览过水星，再让我们驾驶飞船到美丽的土星和遥远的海王星游览一番吧。与太阳系的其他行星相比，土星的美丽之处在于它有一个漂亮的环。人们在地球上用望远镜观察土星的时候，常常会为它那绝世无双的环而惊叹，虽然天王星和海王星也有环，但是土星的环更加巨大和华丽，这个环的直径大约有74 000千米。然而，当我们驾驶飞船靠近土星环的时候，就会发现它是由一些丑陋的岩石和冰所组成的，并没有想象中的漂亮。踏上土星的地面，首先来迎接你的将是热情的飓风，即使你表现出讨厌的情绪，猛烈的飓风也不会识趣地停下来。这些飓风是从哪里来的呢？原来土星的自转速度非常快，差不多10个小时就能转一圈，这就使地表上形成了时速高达1 600千米的飓风。可见，土星上的风沙太大，不宜久留，那么我们就驾驶飞船向下一个目标进发吧！海王星的环境也好不到哪

里去，自从冥王星被太阳系开除以后，海王星就成了太阳系的边陲，因为距离太阳比较远，它的平均温度是－216℃。我们在地球上可以观察到海王星的表面上有一个巨大的暗斑，实际上这个暗斑和地球差不多大小，是一个巨大的旋风暴，强风的时速可以高达2 400千米。所以，海王星上也正在闹风灾，实在不适合观光旅游，我们还是抓紧离开吧。

　　游览了太阳系中的3个行星，你或许不会感到过瘾。那么就让我们驾驶着飞船继续向银河系深处进发。途中，我们最先迎来的恒星将是半人马座星，因为它是距离地球最近的恒星，大约为4光年左右吧。当然，你不要试图去靠近它，因为它的热度足以和太阳媲美，即使是最耐热的材料，恐怕也不免被融化成水。所以，远远地看上一眼，我们要继续旅程，如果有幸能够到达银河系的中心，我们将会看到非常令人惊奇的景象，四周密密麻麻地排列着闪亮的星星，比我们以前在任何地方见过的都要多。当然，前面我们提到过，银河系的中心很可能存在黑洞，对于这个神秘的地方，我们还是不要太靠近才好！

轻飘飘的土星

　　和地球相比，土星是一个庞然大物，它的直径大约是地球的9倍。但是它的主要组成成分是氢和氦，因此它的质量并不大。

　　土星上的大部分物质处于流体状态，最里面的岩石核心直径约为2万千米。岩石核心之外包裹着5000千米厚的冰壳，再外面是8000千米厚的金属氢，最外面的大气层有地球大气层的30倍厚。整个来说土星的密度仅为7千克／立方米，比水的密度还小，这就是说如果你有一个足够大的水池，土星甚至能够漂浮在水面上。

　　游览完银河系的中心，就该计划归途了，因为这个时候我们距离地球最少也有 32 000 光年，这就是说我们开足马力，使速度达到光速，也要 32 000 年才能回到家中，或许那个时候，地球的变化会比其他任何陌生星球的诱惑更让你心动！

在去另一个星系的途中

　　如果你乘坐飞船到另外一个星系旅行，在离开我们的银河系，而未到达另一个星系之前，天空将变得非常昏暗，甚至连星光都没有，因为只有在星系里面我们才能看到星星。

　　但是星际之间并不是空荡荡的，科学家们认为那里存在很多神秘的东西。即使我们小心翼翼地驾驶飞船，可能也无法避免交通事故，因为这些物质我们肉眼看不到，科学家们称这些物质为"黑暗物质"。没有人知道它们是什么东西，也许是不能反光也不能发光的星星，也许是已经燃烧殆尽的星星。

居住在火星上会怎样

　　火星是太阳系的行星之一，而且它还是地球的近邻，因此它和地球有许多相同的特征。比如火星也有卫星，火星上也有明显的四季变化，有移动着的沙丘和大风所扬起的沙尘暴。火星的两极甚至还有白色的冰冠，只不过这些冰冠是由干冰组成的；火星的自转速度约为 24 小时 37 分，轴心的倾斜角是 25 度，这些都和地球相差无几。既然和地球如此相似，那么人类要是居住在火星上会怎么样呢？

　　如果你已经迫不及待地要移居火星，那么在整理行装之前，你最好了解一下火星和地球有什么不同，这或许会让你改变主意。火星绕地球公转一周所用的时间比较长，火星上的 1 年大约是地球上的两年，也就是说火星上 1 个季节的长度大约相当于地球上半年的时间。当然，这对你来说可能并不是什么不可适应的问题，况且火星上的夏季气温非常宜人，只有 20℃ 左右，比老家地球上凉爽多了。但是，一旦到了冬季你可能就会怀念地球的生活了，因为火星上冬天的温度能够达到 −140℃，没有什么词汇能够形容这种温度带给人的寒冷感受，因为没有人有过这样的经历。火星上的冬天之所以这

么寒冷,是因为火星的大气层即稀薄又干燥,留不住多少太阳的热量。

火星大气层的主要组成成分是二氧化碳和红色的细微尘埃。因为有大量的细微尘埃存在,火星的天空呈现出美丽的粉红色,和红色大地连成一片,这种景象十分壮丽。居住在火星上,不管你情不情愿,在欣赏美景的同时,必须带上一个笨重的氧气罐。因为,火星的大气中氧气含量太低,根本不适合生物的呼吸。

居住在火星上,你将不会有雨中漫步的浪漫,火星上从来不下雨,因为火星上没有水。虽然火星上有干涸的河床的痕迹和许多水滴型的岛屿,但是这些只能说明:在遥远的远古时代,火星上存在过液态水,而且水量特别大,这些水在火星的表面上汇集成一个个大型湖泊,甚至是海洋。现在,科学家们经过多方探测,已经得出了火星上极度干旱的结论。

两个马铃薯

有两个小卫星绕着火星转,如果站在火星的表面用望远镜观察这两个卫星,你会发现那简直就是两个大大的马铃薯。

一般来说,如果大行星或者卫星受到重力的影响会变成圆形,就像地球和月亮一样。但是如果卫星很小,那么重力就不足以把它塑造成圆形。火星周围的卫星比较小,所以它们的样子都像马铃薯一样,表面也凸凹不平的。

火星的两个"马铃薯"中,有一个绕火星转一周的时间和火星自转一周的时间相同。这就意味着,如果在你站在火星的表面上,就会看到这颗卫星永远固定在空中的一点,永远不会升起和落下。就像人造地球卫星之于地球一样。

因此，对于地球生物来说，火星上的自然条件太过恶劣。在现在的科学技术水平下，人类根本无法在火星上生存。但是，随着科学的发展，人类在火星居住的梦想，也许最终能够实现。

火星上的水哪里去了

科学家们相信，现在干旱寒冷的火星上曾经也有过惊涛拍岸的景象，火星表面的部分地区也曾被咸海所覆盖。那么曾经浩瀚的大海到哪里去了呢？沧桑变化的原因是什么呢？

日本科学家研究发现：磁场的毁坏是火星水消失的重要原因。火星的磁场大约在30多亿年以前伴随着火星内部的冷却和凝固而逐渐被破坏，火星无法阻挡太阳风暴的袭击，火星大气中水蒸气因此被分解成氢和氧，消失在宇宙中。

另外，火星的体积只有地球的一半大，引力仅仅相当于地球引力的40%，维系大气的力量比较弱，这也是水消失的一个原因。在观测数据的基础上，科学家们还推算出火星的大气压曾是地球大气压的3倍，而现在只有地球的1/50了，在这种情况下，火星表面即使有液态水，也会马上被气化。

也许，火星上的水并没有全部消失。科学家推测，随着火星逐渐变冷，大气中的水经过冷冻后降落到地面，因此火星上的水可能会像冰川一样藏在地下。当然这些还都是猜测，随着人类火星探测计划的逐步实施，关于水的谜团，最终都会真相大白的。

地上地下的神奇
——地球

如果脚下的地球飞快地旋转会怎样

想象一下游乐场里面的旋转轮，在它旋转得很快的时候，如果游人不带好防护设置，就会被狠狠地甩出去。如果我们脚下的地球飞快地旋转起来，那么我们再也不用去游乐场玩旋转轮了，因为地球已经变成了一个巨大的旋转轮，我们必须用坚韧的绳子或者钢索把自己固定在地球上，否则，我们将会被无情地甩到太空中！

地球在绕太阳进行公转的同时，本身也在不停地自转。它的自转速度是每天1圈，因为转得较慢，所以我们丝毫察觉不到，其实昼夜交替现象就是地球自转所造成的。现在，我们来假设地球的自转速度变成了每天18次，即相当于现在自转速度的18倍，这时候如果你还有心情欣赏美景的话，你会在一天之中欣赏到18次日出日落，平均1个多小时就会经历一次昼夜交替，我想那时候你一定会感慨：时间过得真快，不知不觉又过了一天！

如果地球的自转速度达到了每天18圈，那么除了位于南北极的

为什么我们感觉不到地球的转动

　　我们在坐车或者坐轮船的时候，能够强烈地感觉到车船在前进，但是为什么我们感觉不到地球的转动呢？是因为地球的转动没有车船的速度快吗？当然不是这样了，相对于我们见识过的速度，地球转动的速度还是很惊人的。拿地球自转的速度来说，它在赤道上的速度达到465米/秒，这比车船的速度要快多了。

　　当我们乘船在江河上航行的时候，感觉到两岸的景物迅速地向后退去，于是我们意识到船在向前进。但是当我们乘船在大海里航行的时候，四周都是碧蓝的海面，远处几只随船飞行的海鸥就像是钉在天幕上一样，我们就会有停止不前的错觉。所以，我们之所以能够感觉到速度，是因为旁边有相对静止的事物可以当作参照物，如果看不到静止不动的参照物，我们就不会感觉到速度，而认为自己是静止不动的。

　　同样的道理，因为我们身边的事物都随着地球一起转动，他们并不能帮助我们觉察到地球的转动，而只有钉在夜空中的星星可以给我们一些启示，但是它们太遥远了，在较短的时间内，我们看不出它们位置的移动，所以我们感觉不到地球的转动。但是，时间长了，我们就可以看出蹊跷来，比如日月星辰的东升西落都是地球转动所产生的现象。

人感觉不到以外，其他地方的人和物体如果不把自己牢牢固定起来的话，都将会被请到太空中去旅游。其中，尤以赤道地区的人最早、最快速地飞出去。为什么会出现这种情况呢？我们都有这样的经验：在一个旋转盘的不同位置放一些硬币，然后转动旋转盘，那么最先飞出旋转盘的正是处于最边缘的硬币，而位于轴心的硬币常常只是轻微地晃动。地球就像一个旋转盘，它的轴心位置就是南北极，而

最边缘的位置就是赤道。

其实，如果地球真的这样快速地旋转起来，赤道地区的人们没有必要自认倒霉，南北极的人们也不必高兴得太早，其他地区的人们把自己牢牢地固定在地球上也不大可能逃脱灭顶之灾。因为，这时地球表面上的东西都会被陆续甩到太空中去，包括空气和海洋，然后是房屋、沙漠、尘土、森林等等，慢慢地地球会越来越小，所有能够维持人类生命的东西都不复存在，所以即使是南北极的人们也将无以为生，地球将变成一个巨大的陀螺，不复有生命存在！

地球自转的速度是均匀的吗

我们都知道地球自转一周的时间大约为 23 小时 56 分，也就是一昼夜的时间。但是一年之中是不是每昼夜的时间都是 23 小时 56 分呢？

在很长一段时间内，人们根本没有考虑过这个问题，认为答案是肯定的，而且是不容置疑的。直到后来，细心的人们发现石英钟总是在夏天的时候突然慢下来，到了秋天的时候又恢复正常，春天的时候又突然快起来，而冬天的时候又恢复正常。于是，人们开始考虑是不是地球本身的自转有一定的规律。

经过研究发现：地球的自转运动在一年中是不均匀的！它在 8 月间转得最快，在 3～4 月间转得最慢。而且，地球自转运动在历史进程中也是不均匀的，最近 2000 年来，每过 100 年，一昼夜的时间就要加长 0.001 秒，而且每隔几十年，地球的自转速度还会来一个"跳动"，有几年转得快，有几年转得慢。看来，可爱的地球也不是绝对循规蹈矩的呀！

只有白天没有黑夜该多好

　　漆黑的夜晚，总会给人一种莫名的恐惧感。在我们的心底深处，总是觉得那片阴影后面藏着可怕的恶魔。所以，古今中外故事里面的魔鬼总是在黑夜出现，坏人也总是在阴暗的角落露出狰狞的面目。想想一个人走夜路的感觉吧，特别是在没有路灯的乡下，每一个突然发出的声响，都会让你疑神疑鬼，惊出一身冷汗。每当这个时候，异想天开的人总会满脸憧憬地想"如果只有白天没有黑夜该多好"。

　　如果我们这只有白天没有黑夜，美国人一定不会同意，就像他们要求他们那只有白天没有黑夜，我们也不会同意一样。因为，我们这的白天就是他们那的黑夜，而他们那的白天就是我们这的黑夜。为什么会出现这种情况呢？要回答这个问题，先要来谈一谈昼夜交替现象。

　　昼夜交替现象是由地球自转造成的，地球是一个不透明的球体，它本身不能发光，是太阳给了我们光明。但是太阳在同一时刻只能照到地球的一面，另一面只能处在黑暗之中。这样通过地球的自转，太阳光会陆续照亮地球上的每个角落，而某一个固定的地点则会出

现昼夜交替的现象。美国和我们相对，在地球的另一侧，每天当我们迎来日出的时候，正是他们夜幕降临的时刻，如果我们这的太阳的迟迟不落，他们那的黑夜也漫漫没有尽头。所以，对于我们"永恒白昼"的无理要求，他们一定会坚决予以反对的。

其实，除去美国人的反对不说，永恒的白天对于我们也没有什么好处。想象一下，太阳一刻不停地对着我们照射，用不了多久，地面的温度就会高得烫人，天气也逐渐开始炎热起来，即使是开足空调、冷气也不足以对抗火热的太阳。最终我们不得不选择背井离乡逃离到昼夜相交的狭长地带去。在那里，我们应该能够遇到美国人，因为美国的境况比我们更惨，他们那里终年不见阳光，气温变得极

极昼和极夜现象

其实，地球上虽然不可能出现"永恒白昼"的现象，但是极昼和极夜的现象每年都会上演，只不过上演的地点选在南、北两极罢了。

所谓极昼现象就是太阳永远不落山，天空总是白亮的，这种现象又叫作"白夜"；极夜现象则恰恰相反，太阳迟迟不肯出来，天空永远是黑的。在南北极的高纬度地区，没有一天24小时的昼夜交替现象，极昼和极夜才是那里的主旋律。极昼和极夜的时间长短受南北极纬度高低的影响，在南北极点极昼和极夜各占半年时间，也就是说在那里一年中有半年的时间是连续白天，有半年的时间是连续黑夜。

极昼和极夜的现象是地球在自转过程中，其地轴和公转轨道面的垂线之间有一个倾斜角造成的，这就使得地球在公转时，有6个月的时间太阳总是照射着地球两极中的一极，而另一极则见不到阳光。

为什么太阳总是东升西落

我们知道，在太阳系中太阳是相对静止的，那么我们为什么会感觉它总是东升西落呢？要回答这个问题，我们先要弄清楚地球自转的方向。

从地球北极的上空看地球，你会发现地球在不断地作自西向东的逆时针旋转，所以自西向东也就是地球的自转方向。我们都有这样的经验，坐在前进的车辆上时，总会感觉到道路两边静止的景物向后方移动。同样的道理，我们站在自西向东自转的地球上观察实际上静止不动的太阳，就会感觉到太阳在东升西落。

其寒冷，厚厚的冰雪覆盖着大地，不仅没有融化的兆头，还会有不断加厚的趋势，那里将变成人间地狱！

用不了多久，我们和美国人会陆续迎来世界各国的人们，因为偌大的地球，只有这样一块昼夜相交的狭长地带能够让人生存。不用说到时候这块地方旅馆的价格肯定高得惊人，人与人之间的距离一定会缩小到最短，至少在表面上能够实现世界人民大团结的"美好景象"！但更大的可能是人类为争夺这块地方打起来。

看来，只有白天没有黑夜并不是一个好现象，但是事实上这个现象会不会出现呢？据科学家们推测，虽然地球的自转会渐渐地变慢，但是不会出现地球永远以一面对着太阳的现象。也许几百万年以后，地球的自转会慢到1个月转1圈的地步，也就是说1天的长度延长到1个月，这也势必会对地球的生态环境造成灾难性的后果，但是我们相信，到时候聪明的人类早已想出了应对的措施。

一年之中四季不分会怎样

如果一年之中四季不分，那么你将不会有那么多厚薄不一的衣服，也不要奢望还有漫长的寒暑假，无论你居住在什么地方，温度都是常年不变，就如同现在的赤道地区一样。那时的温度不会有冬天时的严寒；不会有夏天时的酷热；或许不如春天那样温和宜人，但也相差不多。植物不会再经历"一岁一枯荣"的轮回，整整一年都不会退去美丽的绿色；鸟儿也不必在冬天的时候向南方迁徙，温暖的气候可以使它们免除奔波之苦。

"四季常春"这是很多人的愿望，但是为什么上天不遂人愿，非要安排四季交替呢？有人认为：地球绕着太阳运行的轨道不是完美的圆形，而是一个椭圆形，所以地球在公转过程中，有时候距离太阳近，有时候距离太阳远。距离太阳近的时候，气温高，就是夏天；距离太阳远的时候，气温低，就是冬天。没错，在一年中地球和太阳之间的距离确实会不断改变，但这并不是四季轮回的真正原因。

实际上，之所以有四季的存在是因为地轴是倾斜的。一年之中，阳光的直射点以赤道为中心，在南北半球的低纬度地区徘徊。当太

阳直射点位于北半球的时候，北半球的气候就比较炎热，而南半球则比较寒冷；相反，当太阳的直射点位于南半球的时候，南半球就进入了夏季，而北半球则开始了寒冷的冬季；当太阳直射赤道地区的时候，南北半球就处于春秋季节。所以，倾斜的地轴才是四季更替的真正原因。如果地轴不是倾斜的，那么太阳的直射点会乖乖的停留在一个地方，四季变化也会彻底从地球上消失，而部分地区将会实现永恒春天的梦想。

然而，久而久之，这种一成不变的气温会不会让你感到厌烦呢？也许那时候，你会趴在窗边，仰望深邃的夜空，追忆夏天的热烈和热闹，追忆冬天的银装素裹，追忆秋天时黄叶飘落的另一种美丽。你会觉得四季更替的世界才更显得多姿多彩，才会给你更多的美丽

地球的公转轨道

要了解地球的公转轨道这个问题，我们可以先来想象一种情况：在绳子的一端拴上一块小石头，抓住绳子的另一端绕圈儿，如果绳子突然断了，石块就会以直线飞出。地球环绕着太阳运行，太阳的吸引力就相当于拴住石块的绳子，而石块就像是地球。

其实，地球的运行轨道并不是完美的圆形，而是一个椭圆形，这个"扁状的圆形"轨道使得地球在公转过程中，距离太阳时远时近，所以太阳的吸引力更像是一个有一定伸缩幅度的橡皮筋。

科学家们认为，包括地球在内的行星是由原本绕着太阳旋转的尘埃和岩石组成的。行星在形成初期，轨道有可能是圆形的，但是圆形轨道在运转过程中，不断受到挤压，后来逐渐调整、适应，就变成了现在这样的椭圆形。事实上，太阳系中所有行星都是沿着椭圆形的轨道绕着太阳旋转的。

和感动，才会让你感觉到短暂的春天的美好。

诚然，永恒的春天是一个美好的梦想，然而四季更替的现实才是更美丽的世界。读了上面的文章，你或许会庆幸上天没有给我们指定一种季节，而是让我们在轮流变化的季节中，体会到不一样的美丽，我们的生活也因此而丰富多彩！

没完没了的季节

靠近赤道的地方，太阳永远高高地挂在天空上，散发出炙热的光芒，气温一直居高不下，当地的人们如果不出去旅行，永远不需要置办棉衣。赤道地区永远是夏天，生活在这里的人们甚至不知道春、秋、冬三种季节的滋味。这一地区的气候唯一的变化的就是有雨季和干季的分别。当风从海洋上吹来，带来大量湿气的时候，就是雨季；当风从大陆上吹来，带来满面灰尘的时候，就是干季。

而在终年冰封的极地地区，气候非常寒冷，降水极少，到处都是一片白茫茫的雪原，风几乎成年累月不停地呼叫着，气温经常降到零下几十度，冬季就是这里没完没了的季节。

能在地上钻洞去美国吗

美国与中国"背对背"，在地球的另一侧，同中国一样，美国也是一个美丽的国度。那里不仅有说不尽的美丽的自然风光、高度现代化的大都市，最重要的是还有奇妙的迪士尼乐园。但是，美国很遥远，从中国去美国旅游，要整整绕过半个地球，不仅要花费大量的时间、大把的美元，而且一路舟车劳顿，会把人折腾得筋疲力尽，不由得让人望而却步。

怎么样才能轻松快捷地游览美国呢？聪明的小朋友会说：如果能在地上钻一个直通美国的洞，然后我们撑着降落伞一路降到美国去就好了。这看起来是一个好主意，如果一切顺利的话，我们应该比乘坐最快的飞机更快到达美国，而且在降落的途中可以近距离地观察地球的内部构造，增加我们的地理知识，达到一箭双雕的效果。好吧，那么我们就来讨论讨论这个在地上钻洞去美国的"好方法"吧。

地球的直径约为 12 800 千米，也就是说，我们要钻的这个洞最短也要有 12 800 千米，这当然是一个艰巨的工作，事实上人类曾经钻过的最深的洞也不过 14 千米。如果把地球比作一个篮球，那么这

43

个最深的洞根本连球皮都没有穿透！如果这个艰巨的工程量还不足以让你知难而退的话，那么在前方还有两个拦路虎在等着你。当你到达地球中心的时候，如果不采取有效的保护措施，你即使不会被地球中心的重力所压扁，也一定会被高温所融化。想象一下吧，地球中心承受着外壳所有的重量，这些重量从四面八方向内部挤压，不仅使中心的重力惊人，温度也高达 5500℃，这个温度足以使坚硬的钢铁溶化成液体！所以，企图穿越地球中心，就算是真正的铁人

地球的内部构造

地球内部有地壳、地幔、地核 3 个圈层，如果把地球比作一个鸡蛋，那么这 3 个圈层则分别相当于：蛋壳、蛋白和蛋黄。

地壳是地球最上面的一层，它主要由各种岩石组成。地壳的厚度在各个地方是不同的，有的地方比较厚，如我国青藏地区的厚度达 60～80 千米；有的地方比较薄，如大西洋海底的厚度仅有 5～6 千米；全球平均厚度约为 33 千米。地壳中蕴藏着非常丰富的矿产资源，目前已探明的矿物就有 2000 多种，其中金、银、铜、铁、锡、钨、锰、铅、锌、汞、煤、石油等，都是人类物质文明不可缺少的资源。

地幔是地壳和地核之间的中间层，它比地壳厚得多也热得多，约有 2900 千米厚，温度在 3700℃ 左右。地幔中存在大量的岩浆，当这些岩浆喷出地表时，便是火山爆发，人们就是通过火山爆发喷出的物质，来研究地幔的构成元素的。地幔又分为上地幔（从 33～1000 千米）和下地幔（从 1000～2500 千米）。

地核的半径约为 3450 千米，分为内核和外核两部分，外核由高温的液态金属所组成，内核由坚硬的固态金属所组成。

也不能幸免于难，更何况是人类的血肉之躯了！

就算你发挥超越自然的智慧，排除万难，终于修建好了一条穿越地球的洞，那么在穿过这个洞的途中，你会不会遇到什么麻烦呢！当你撑着降落伞向地心降落的时候，受到地心引力地影响，速度会越来越快，接近地心的时候，你的速度甚至比流星还快！通过地球中心点以后，因为惯性的作用，你会继续向美国靠近，这时地心的吸引力会把你往回拉，所以你前进的速度会越来越慢，但是你仍然有机会到达美国的地面，这时你一定要事先和美国的朋友打好招呼，让他们在洞口迎接你，当你接近地面的时候拉你一把，否则，正如你想到的一样，如果你不能迅速爬上地面，地心的引力又会将你拉下来。那么以后，你就会像是被拴在一根橡皮筋上一样，在中国和美国之间来回荡悠，最终因为空气摩擦而在地球中心停下来，那时候你才知道什么是叫天天不应，叫地地不灵呢！

好了，分析完"钻洞去美国"这个"好主意"，我们不难达成一致意见：鉴于旅途太过惊险刺激，以至于生还的可能十分渺茫，所以千万不要轻易尝试！

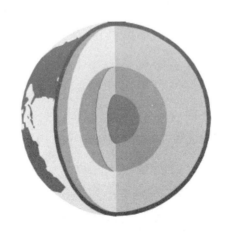

顽皮小星星不许再眨眼睛

在晴空万里的夜晚，浩瀚的天幕上悬挂着皎洁的月亮和点点繁星，使人不禁产生无限遐想。有时候，我们会发现天上的星星或明或暗，似乎在上下跳动，左右摇晃，人们用星光闪烁来形容这种情况。小朋友们则会说：那是星星在眨眼睛。我们知道天上的星星是一颗一颗的恒星，它们怎么会眨眼睛呢？这是怎么一回事呢？

其实，星星眨眼睛不过是大气变的戏法而已。地球是一个很特别的星球，它的周围被一层厚厚的大气所包裹着。这些大气无色无味，看不见、摸不到，但是却很活跃。因为不同地区的空气冷热情况不一样，热空气的密度小，冷空气的密度大，热空气会上升，冷空气会下降，这样冷热空气就会不停地循环流动，产生风，使空气动荡不定。空气在流动过程中，就像一个粉刷工一样，在地球的外层涂上大气，但是大气并不是一个能工巧匠，它的工作也不是均匀完美的，有的地方大气厚一些，有的地方大气就薄很多。这样天上那些距离我们十分遥远的恒星们发出来的光芒，在经过厚度不一的大气时，就会发生折射现象，不按原来的直线传播了，它一会儿偏左，一会

大气层

大气层是围绕在地球外部的一圈空气。像鱼类生活在水中一样，人类也生活在大气底部，而且一刻也离不开大气层。大气层为地球上的生物提供了生存和繁衍的良好环境，它的任何变化都会影响到人类的生产和生活。

大气是由多种气体组成的混合体，并包含有水汽和部分杂质，它的主要成分是氮气、氧气和氩气。在距离地面80～100千米之内的底层大气中，以上3种气体成分之间维持固定的比例，不轻易发生变化，被称为"不可变气体成分"。100千米以上的大气层主要由水汽、二氧化碳和臭氧组成，这3种气体之间的比例常有变化，其中变化最大的是水汽。

整个地球大气层看起来像一个巨大而且造型独特的5层楼房，这座楼房的第1层是紧贴地面的对流层，对流层受地面的影响最大，因为地面上的热空气受热上升，上部的冷空气则开始下降，产生对流运动，所以称之为对流层。对流层的上面是平流层，这一层的气流运动相对平缓，飞机都选择在这一层飞行；第3层是中间层，这一层的温度很低，顶部更是低达－83℃；中间层上面是热层，这一层的密度很低，温度很高，在距离地面300千米的高度上更是高达1000℃，又被称为暖层；最上面一层叫作外层，这一层的空气十分稀薄，受到地球引力的作用很小，一些高速运动的空气可以挣脱地球的引力散逸到太空中去。

儿偏右，一会儿偏上，一会儿偏下，一会儿明，一会儿暗，所以我们看起来就会觉得星星闪烁不定，像是在不停地眨眼睛！

但是，月亮为什么不眨眼睛呢？它总是板着脸，是因为它不高兴吗？如果月亮也像调皮的星星一样眨眼睛，就像人间闪烁的霓虹

灯一样，照得大地都一明一暗的，那该多美啊！我们知道月亮本身不能发光，它之所以那么光彩照人，完全是太阳给打扮的。其实，月亮从太阳那里反射过来的光，在透过大气层时也会发生折射，产生抖动，只因为月亮距离我们太近，这种抖动非常轻微，我们的肉眼分辨不出来罢了。所以，并不是月亮一本正经的板着面孔，只不过是它调皮的表情不易被觉察罢了。

星星眨眼与天气预报

　　空气密度的变化越大，星星的闪烁也就越明显。由于空气密度变化与大气稳定度有一定的关系，所以当大气不稳定、水汽增多、浓度变化越大时，星光闪烁得越强烈。反之，星光闪烁就不明显。我们知道，坏天气都是因为大气的不稳定所导致的。因此顽皮的星星眨眼睛，还能起到天气预报的作用，由此勤劳智慧的劳动人民编了一些谚语，如"星星眨眼要变天"、"小星挤眼，下雨不远"、"天上星星跳，风雨就来到"等等。

地球要是一下子没有了吸引力会怎样

也许每个人都梦想过，有一天自己能够不借助任何辅助工具飞离地面。但是这个梦想看起来实在是难以实现，因为它要求你必须挣脱强大的地心引力，除非你是电影中的超人，否则你只能寄托于地球的吸引力突然没有了。

如果地球的吸引力一下子没有了，你就会像孙悟空一样，一跳冲天！你可以自由自在地在空中飘荡，享受凌驾于万物之上的快感。但是等等，你也不能太过得意忘形，如果你还想回到美丽的地球上来，那么你事先就要在自己的身上绑上绳子，绳子的另一端固定在地球上，这样当你想家了的时候，你还可以回来，否则，你就会像断了线的氢气球一样，永远在天上飘荡。

如果地球上没有引力，除了可以享受飞翔的愉悦之外，或许你将不会得到什么令人兴奋的东西了。首先，你要准备好足够的氧气，来维持你每一分钟的生命，地球上没有了引力，连空气都获得了自由，

植物怎么不能倒着生长

我们知道一颗种子发芽后，根总是向下生长，而茎则努力向上生长。为什么会出现这种情况呢？为了弄清楚这个问题，有人做了一个试验。他先把植物的种子横向放置，期望植物的根能够在水平方向上生长，但是奇怪的是，过了几个小时，植物的根依然向下生长，而茎依然向上生长。于是他干脆完全颠倒过来，让植物的根冲上，茎向下。结果，过了不久，植物的根仍然向下生长，茎则努力向上生长。

科学家们研究后认为，是地球的引力影响了植物的生长。因为从现象来看，植物的根总是朝着引力的方向生长，而茎则背向引力的方向生长。这是什么道理呢？一些科学家认为，植物的根上和茎上有两种完全不同的生长素，根上的生长素只要一点点就能促进生长，多了反而会抑制生长。而茎上的生长素却恰恰相反，生长素越多越能促进生长。在地球引力的作用下，根底部堆积的生长素多，生长慢。根上部的生长素少，生长快，于是上部的根就把根尖使劲向下推，使它深深地扎在土壤里。对于茎来说，上部的生长素少生长慢，下部的生长素多生长快，于是下部就把上部向上推，使茎不断长高。

可以看出，植物也和我们人类一样一刻也离不开地球引力的作用。

氧气便会飘散到浩渺的太空中去，你每一分钟的呼吸只能依靠氧气袋了。不错，事实上你应该变成宇航员的样子，因为地球上的环境已经和太空没有什么分别，你身边的一切都变得轻飘飘的，抬头望望天空，漂浮在上面的东西可谓是琳琅满目，各种飞禽走兽、家用电器、交通工具……应有尽有！我们已经不可能生火做饭，食物只能是事前储备的压缩食品，睡觉的时候，要钻进固定好的睡袋里面，毫无疑问，那将一点都不舒服！

　　如果地球没有了引力，月亮也将脱离地球的束缚，独自到太空中游荡，从此夜空中再也不会出现又大又圆的月亮。如果地球没有引力，太阳系其他行星的运行轨道也会受到影响，因为太阳系的八大行星是相互吸引的。如果地球没有了引力，地球的自转将会把地表的一切东西都摔到宇宙中去，因为在圆形的地球上，之所以下面和侧面的东西没有"掉"出地球，就是因为地球引力的作用，久而久之地球会越变越小。如果地球没有了引力，还会发生许多不可思议的现象，而脆弱的人类将很难适应这些现象。

　　可见，如果地球没有了引力，地球上的情形并不会让你感到满意。所以，值得庆幸的是地球的引力不可能消失。地球之所以具有引力，是因为它有巨大的质量，而要使地球突然失去质量，目前显然是不可能办到的。

用速度战胜地球引力

　　人类离开地球，去探索外面的世界，首先就要挣脱地球引力的束缚。而战胜地球引力的诀窍就是提高运动速度。

　　科学家经过精密的测算，得出结论：只要人们使航天器的速度达到7.9千米／秒，航天器就能飞离地球表面，绕着地球做圆周运动；如果人们把航天器的运行速度提高到11.2千米／秒，航天器就能完全突破地球引力的束缚，在茫茫太阳系中游荡；当航天器的运行速度达到或者超过16.7千米／秒的时候，它就能挣脱太阳的吸引，飞到太阳系以外的地方去。这三种速度依次被人们称为：第一宇宙速度、第二宇宙速度和第三宇宙速度。

　　所以，人们要发射地球同步卫星，运载火箭的初始速度就要达到7.9千米／秒；而发射探月飞行器则要有11.2千米／秒的速度；如果要向银河系中心进发，那么航天器的速度要超过16.7千米／秒。

冰川都融化了会怎样

近几十年来，随着人类社会的快速发展，对燃料的使用和消耗日益增多，并排放出大量的二氧化碳等多种温室气体。由于这些温室气体对太阳辐射的短波具有高度的透过性，而对地面上反射出来的长波却有吸收性，造成所谓的"温室效应"，导致全球气候变暖。而全球气候变暖，无疑会使冰川和冻土融化，危害到自然生态系统的平衡和人类的生存。那么，如果情况越来越糟糕，最终全世界的冰川都融化了，地球上将会出现什么后果呢？

如果全世界所有的冰川都融化了，直接后果就是海平面的上升，幅度可能会达到9米。

这必然会给沿海的国家和城市带来灾难性的后果，单在孟加拉国，海平面上升1米，就会使数百万人失去家园。而荷兰可能整个国家都要遭受灭顶之灾，因为即使是现在，荷兰的很多地方都位于海平面以下，所以荷兰人们通过建造围海大坝，来维持正常的生活。可以想象如果海平面大幅上升，整个荷兰都会浸泡到海水里面。而我国的上海、香港等沿海或者岛屿城市自然也难逃厄运。

冰川是怎样形成的

冰川是雪经过一系列变化转变而来的，是水的一种存在形式。所以，要形成冰川首先要有一定数量的固态降水，如雪、冰雹等。没有这些固态降水，就如同无米之炊，冰川根本形成不了。

冰川都存在于极其寒冷的地方。地球上的南极和北极都是终年严寒，所以有大量的冰川存在。其他地区只有高山之巅才能形成冰川。要形成冰川，不仅要求山有一定的高度，还要求山峰不能太陡，因为山峰过于陡峭，降落的雪顺着山峰滑下，根本形不成积雪，更不用说冰川了。两极地区的冰川都形成在大陆上，因此叫作大陆冰川，高山上的冰川就叫作山岳冰川。

雪花落到地面上，就会随着外界环境的变化而变化，最终会变成圆球形状的粒雪，粒雪就是冰川的主要"原料"。粒雪形成后，随着时间的推移，粒雪的硬度和粒雪之间的紧密程度不断增加，慢慢地就你中有我，我中有你，形成了冰川冰。冰川冰最初是乳白色的，经过时间的雕刻，渐渐变成晶莹透彻、带有淡蓝色的老冰川冰。冰川冰在重力的作用下，以常人无法察觉的速度慢慢流下，久而久之便形成了冰川。

如果冰川都融化了，海平面上升，淹没部分陆地还不是最严重的后果。海平面上升必然导致海洋面积的扩大，与大陆相比，海水吸收太阳热能的能力更强。陆地吸收太阳的能量大多会通过反射和辐射的方式释放出去，而海洋所吸收到的太阳热量有相当一部分自己储存起来了。这就意味着地球上将会储存更多的热量，温室效应也会因此而加剧，形成一个恶性循环。这很可能会影响到全球的气候变化，并导致海上的风暴频繁出现。

冰川是全世界最大的淡水水库，全世界约有 70% 的淡水储藏在

冰川之中。冰川的融化短期内会造成洪涝灾害，长期来看，大部分依靠冰川径流来作为供给水源的地区将会出现缺水的现象。不仅农作物得不到灌溉，人的饮用水也难得到保障。另外，有科学家相信，冰川中覆盖着几百至几万年前的微生物和病毒，一旦冰川融化，这些微生物和病毒暴露出来，势必会影响到人的身体健康。

可见，冰川的融化将会对世界造成灾难性的影响。虽然冰川都融化了的现象不太可能出现，但是现今冰川正在加速融化却是不争的事实，而且已经危害到了人类的生存环境。为避免情况进一步恶化，需要人们加强环境保护意识，尽量不去破坏环境。

冰川的运动

1827年，一个地质工作者曾在阿尔卑斯山的冰川上修筑了一座石砌小屋。13年以后，他发现小屋向下游移动了1428米。小屋本身是不能动的，是小屋下面的冰川运动，带动了小屋移动。

冰川运动和水流很相似，都是中间快、两边慢。如果在冰川上插上一排木杆，不用多久，你就会发现中间的木杆远远地跑到前面去了。许多海洋冰川上出现造型奇特的弧形联拱，就是这个原因。

虽然冰川运动与水流有不少相似的地方，甚至冰川也有漩涡，但是冰川毕竟是冰川，它有自己的特点。最明显的例子是冰川的表面有很多裂缝，这说明冰川有脆性。但是，科学家们通过大量的观测发现，冰川的裂缝深度不超过60米，大多数裂缝在远远小于这个深度的地方就闭合了。从中可以看出，至少冰川60米以下的部分是有可塑性的。由此，人们把冰川分为两个部分，表面容易出现裂缝的部分叫作脆性带，下部柔软的部分叫作塑性带。塑性带的存在是冰川流动的根本原因。

地震在我脚下发生
该怎么办

　　说到地震，你的脑海里可能会出现许多恐怖的画面：倒塌的房屋、裂开的路面、受伤的人们等等，仿佛到了世界末日一样。不错，强烈的地震足以使一座城市化为废墟，几个世纪积累起来的文明在刹那间烟消云散，给一座城市，一个国家，乃至整个人类带来抹不去的伤痕，就像发生在 1976 年 7 月 28 日的我国唐山大地震一样。

　　没有人会希望地震突然降临在自己身边，但是同样没有人能够为这种美好的愿望提供绝对保证。地震虽然可以预测，然而突发情况还是不可避免的，虽然这种情况发生的概率微乎其微，但关系到身家性命，必要的警惕不可少。那么，如果地震在我们脚下发生，我们该怎么办呢？回答这个问题，我们先来了解一下地震的知识。

　　地震一般发生在地壳之中，地球在不断地自转和公转的同时，地壳内部也在不停地变化。这种变化使得地壳里面的岩石层发生变形、断裂和错动，于是就产生了地震。地壳中发生震动的地方称作"震

源"，地面上正对震源的地方就是"震中"。震中与震源间的垂直距离就是"震源深度"。一般来所，震源深度越小，地震所造成的危害就越大，反之则越小。

地震所引起的地面震动包括横向震动和纵向震动，纵向震动让人感觉上下颠簸，而横向震动则让人感觉左右摇晃。在震中地区，这两种震动都比较强烈，造成的危害也最严重，在距离震中比较远的地方，人们通常只能感觉到左右摇晃，而感觉不到上下颠簸。

人们常用震级来表示地震的大小，通常把小于 2.5 级的地震叫作小地震，人们通常感觉不到小地震的发生；2.5 ～ 4.7 级的地震叫作有感地震，这一层次的地震能让人感觉到轻微的晃动，但并不

地震前的预兆

大地震发生以前总会出现一些异常的现象，正确地识别和判断这些现象，能够帮助我们做好预防工作。

大地震发生前，井水会提供重要预报，表现为：水位异常升降，井水翻花、变色、变味等。井水之所以出现异常情况，是因为地壳在发生剧烈变动的时候，使井水的压力增大或者是在井水里渗入了特别的物质。

许多动物比人类要敏感的多，它们在地震前也会表现出异常的举动，给人类以警报。人们把这些现象编成了顺口溜：骡马牛羊不进圈，鸭不下水狗狂叫。老鼠搬家往外逃，鸽子惊飞不回巢。冰天雪地蛇出洞，鱼儿惊惶水面跳。

此外，在大地震即将发生以前，地面和地下会发出奇怪的光亮和声音，遇到这种情况，说明地震已经近在眼前了，要果断采取措施，避免受到重大损失。

如何应对地震

如果你在室内，要赶紧钻到书桌下面或者床底下，用坐垫、枕头等柔软的东西护住头部，因为地震的时候，屋内的家具可能会倒下来，天花板上的电灯和柜子上的东西可能会掉下来，要避免这些东西伤到自己；千万不要慌慌张张地逃向屋外，更不能纵身跳楼，因为这样不大可能让你逃脱险境，还很有可能让你受到不必要的伤害。地震的晃动一般 1 分钟左右就会停止，所以一定要镇定和冷静；地震过后，尽快检查煤气阀门是否拧紧，室内是否有漏电现象，不要用明火，以防引起火灾。如果真的发生火灾，应该尽快扑灭，倘若火势已经不可控制，那么抓紧远离着火点。

如果地震时你在室外，要避开高大的建筑物、狭窄的胡同和围墙，如果在野外也要远离悬崖和河边，因为发生地震的时候屋顶的瓦片、玻璃会砸下来，围墙有可能倒塌，悬崖上会落下石块等杂物，而河边则有可能塌陷。逃难的时候，最好徒步背很少的东西，尽量不要坐车，因为在地震时不仅交通混乱，汽车在行驶过程中也有可能出现轮胎爆裂、把握不住方向盘的情况；如果住在沿海地区，还要防止发生海啸，尽快离开海岸到高岗避难；要注意收听广播、电视中的信息，了解地震的情况和救援情况，不要被谣传所迷惑。

能造成危害；4.7 级以上的地震叫作破坏性地震，这一层级的地震会产生不同程度的危害，我们所要预防的也就是它。

如果大地震在你的脚下发生，也就是说你正处在震中的位置，这是非常糟糕的假设，因为在这一地点，你所面临的挑战要比其他地区大得多。纵波和横波轮番摇动脚下的地面，质量不过关的房屋将会纷纷倒下，受伤乃至丧命随时都有可能发生。但是，千万不要

慌张，关键时刻的镇定常常能拯救你的生命，仔细想想平时所学过的防震知识，这些知识才是你的救命恩人，按照这些知识的教导去做，生存的希望就会大大增加。

当然，地震并不经常发生，更何况大多数的地震并不能够造成很大的危害，所以，我们在保持足够警惕的时候，没有必要太过担心，更不能因此而影响到正常的生活。

火山爆发的时候我在山顶

　　火山爆发的时候我正站在山顶，正在我陶醉于周围的美景时，忽然我感觉到脚下的身体开始晃动起来，并有阵阵刺鼻的浓烟升起。"火山爆发"一个可怕的概念在我脑海中一闪而过，逃跑似乎已经来不及了，我知道接着应该有赤红的液体喷涌而出，而我会被这炙热的液体所淹没。

　　我知道那炽热的液体就是地球内部的岩浆，这些岩浆在巨大的压力下，会不定时地从火山口冲破地壳，喷涌而出，形成令人闻之丧胆的"火山爆发"。伴随着滚滚浓烟，一柱岩浆喷射到了高空，炽热的液体发出绚烂的红光，像烟花一样绚烂多彩，映红了黑暗的天空。接着，浓浓的岩浆像洪水泛滥一样向我冲来，我感受到了那逼人的热气，一种世界末日的巨大恐惧让我大叫起来……

　　我猛地坐起，揉揉干涩的眼睛，惊魂未定地擦擦满头的汗，哦，原来不过是一场梦！望望窗外，星星仍然在眨着眼睛，温柔的晨光开始在大地上蔓延开来。

　　猛烈的火山爆发会对附近的居民区造成毁灭性的打击，它会摧

毁大片大片的土地，所到之处，一切生命、建筑物无不化为灰烬！公元79年，举世闻名的庞培城就葬身于火山爆发之下！没有人能够控制火山的爆发，唯一应该做的是对火山敬而远之。

但是令人惊讶的是，火山所在地往往是人烟稠密的都市，如日本的那须火山和富士火山周围就是这样。这些人为什么守在一个不知何时爆炸的炸弹旁边呢？难道是因为他们知道火山爆发的周期非常漫长，有生之年基本不会遇到火山爆发的情况？实际上火山喷发出来的火山灰是非常好的天然肥料，当地的植物受这些养料的滋养，生长得非常好。如日本富士山地区的桑树长得非常茂盛，有利于发展养蚕业。

火山的类别

按火山活动的剧烈情况，可以把火山分为活火山、休眠火山和死火山3种。活火山是经常作周期性喷发的火山；休眠火山的最近一次喷发的时间，距今也有漫长的历史了，现在看起来一切风平浪静，但是内部的岩浆却在不断地聚集，一旦聚集起足够的岩浆，它就会再次喷发；死火山又叫作"熄灭的火山"，这类火山的形成时间比较早，地下的岩浆已经冷凝，不再活动了，或者是地下还有岩浆，但是火山口已经被过去挤入的岩浆凝结堵塞住，已经不可能出现喷发的现象。

按火山的形状来看，有锥状火山、钟状火山和盾状火山3种。火山喷发出来的物质中，如果固体较多，就会堆积成锥状火山，如日本的富士山就是典型的锥状火山；如果火山喷出的溶液很黏，流不远，就会在火山口附近形成钟状火山；如果火山喷发出的溶液黏度不大，通道又比较通畅，溶液就会流很远，堆不成陡峭的高山，就会形成盾状火山。

活火山为什么经常喷发呢

全世界约有500多座活火山，这些火山大多分布在地壳板块衔接的地方，这些地方内部的岩浆活动比较剧烈，地面上的裂缝也比较多，是岩浆最容易喷薄而出的地方。地壳板块衔接的地方主要分布于环太平洋、地中海和东非地区，大西洋海底也有隆起的火山带。日本正处于球太平洋火山地震带这一地区，是世界上火山爆发比较频繁的国家。

虽然火山是一种令人又爱又恨的东西，但是它却是必不可少的。科学家们认为，如果没有火山爆发和其他力量所形成的大山，地表就会不断地受到雨水的冲刷，整个陆地就会渐渐低于海洋。那时的人类将"或为鱼鳖"了。此外，我们知道二氧化碳气体在大气中的作用非常重要，它能对地表产生保温作用，如果没有了二氧化碳，地球就会冷却，地面上终年积雪，比现在的极地还要可怕。而大气中的二氧化碳有1/10是来自于火山爆发。另外，火山爆发中所喷出的岩浆中蕴藏着丰富的矿产资源，岩浆冷却下来就会形成矿床。如我国的鞍山铁矿原来就是海底火山。从一定意义上来说，我们可以把火山爆发看作是地球母亲所喷发出来的乳液。

站在珠穆朗玛峰上
会有什么感觉

　　除南北极点之外，珠穆朗玛峰是地球的第三极。如同人类总是试图深入探索南北极一样，高耸的珠穆朗玛峰也以其人迹罕至的神秘莫测深深地吸引着世界各地的登山爱好者、科学家和探险家。无数人梦想着能够站在珠穆朗玛峰挺拔的身躯之上，体验那种"山高人为峰"的豪迈感觉。

　　如果你有幸站在了珠穆朗玛峰的山顶上，你会发现脚下是一条西北—东南走向的狭长地带，长10余米，宽不过1米。站在这里，有腾云驾雾一样的感觉，环顾四周，白茫茫的云海一直连到天边。如果是晴朗的天气，俯首鸟瞰，你会发现周围20千米以内，群峰林立、重峦叠嶂。事实上这一带海拔超过7 000米的高峰就有40多座。极目远眺还可以饱览地面上方圆360千米的微缩景观。倘是天公不作美，遇到了风雪交加的天气，峰顶上根本难以立足，为安全起见，就不要"山高人为峰"了，还是抓紧找个地方遮风挡雪吧。

我们都知道高处不胜寒的道理，海拔每升高 1000 米，气温就比随之降低 6℃，海拔 8844.43 米高的珠峰顶上，气温常年在 -40℃ ~ -30℃ 之间，空气稀薄，氧气含量不到平原地区的 1/4。此外，珠峰顶上的风速同样不能小觑，而且下午的风速要比上午的风速大得多，人在上面很难立足。所以，你务必要在下午之前下山，否则大风狂吹之下，你的处境将会非常危险。

在珠峰顶上，你还会发现许多奇怪的现象。其实不只是珠峰，在任何高处你都会遇到气压太低的麻烦。我们知道在地面上水的沸点是 100℃，但是在珠穆朗玛峰上你或许只需加热到 72℃，水就会沸腾起来。很显然 72℃ 的水并不适合饮用，用来泡茶或是咖啡效果也不好。同样的道理，你用普通的炊具做出的饭，永远都是夹生的。

珠穆朗玛峰的形成

4000 万年以前，珠穆朗玛峰所在的地区还是一片汪洋大海，根本不存在什么连绵不绝的山脉。大约从 3800 万年前开始，由于印度次大陆和亚洲大陆的碰撞和挤压，海水退去，喜马拉雅山才逐渐升起来。那个时候的喜马拉雅山与现在相比还是个矮小的小弟弟。后来，随着印度次大陆的不断北移、持续推压青藏高原，而喜马拉雅山正处在两个大陆板块挤压的中心地带，受到两方面力量的作用，地壳出现大规模的变动，褶皱不断抬升。距今 2000 多万年以前，喜马拉雅山地区又经历了一次剧烈的地壳运动，山脉得以迅速提升，很快就具有了相当规模。到了七八百万年以前，这一地区又经历了一次快速提升，山地已经升高到了海拔 3000 米以上。

事实上，珠穆朗玛峰之所以能够达到今天的高度，还是得益于最近 400 万年的快速上升。

63

所以，经验丰富的登山家总是随身携带高压锅，用这种锅足以对抗高处的低压，做出香甜可口的饭菜。

可见，在珠峰之上，虽能欣赏到人间美景，却绝不是气候宜人的处所。在享受美景的同时，也要忍受恶劣环境的滋扰，这种苦中有乐的感觉，应该别有一番滋味。

珠穆朗玛峰的高度

作为世界第一高峰，人们一直想测出珠穆朗玛峰的精确高度，但这是不容易的。1960年，我国首次组织登山队，成功从北坡登上珠峰，但这次没有对珠峰测高。1975年，中国珠穆朗玛峰登山队再次从北坡登上珠峰，实地测量了这个地球的最高点，并对外发布了珠峰的高度为海拔8848.13米。2005年，中国科学院和国家测绘局组织的科考队用雷达手段以及GPS定位方法对珠峰重新测高，得出珠峰的精确高度为海拔8844.43米。

"老天爷"的戏法
——气候与天气

世界各地气候都一样
该多好

　　大气在运动过程中受到很多因素的影响，变得非常复杂。因此，全球各地的气候有着比较明显的差异，类型多种多样。大体上来说，全球从南向北在不同的纬度有着不同的气候带。但是在小的方面，同一纬度的地方也有可能出现不同的气候类型。比如，地中海地区和我国长江流域几乎处于同一纬度带上，一个在大陆的东岸，一个在大陆的西岸。但是地中海地区是冬季湿润、夏季干燥，而我国的长江流域却恰恰相反，冬季干燥、夏季湿润。另外，受到山地、高原、森林、沙漠等地形影响，彼此相邻的两个地区也常常出现截然不同的气候特征，因此有"一山有四季，十里不同天"，"南枝向暖北枝寒，一种春风有两般"的农谚，生动地说明了气候类型的丰富。

　　多种多样的气候类型，在造就了各具特色的自然、人文环境，使世界更加丰富多彩的同时也给人们带来了很多麻烦。许多气候条件恶劣的地区非常不适于人类的生存，如干燥的沙漠地区、寒冷的

66

极地等。于是善良的人们常常怀有美好的愿望：如果全世界的气候都一样，都很宜人就好了，这样无论什么地方，什么季节，你都不必担心恶劣气候的侵害了。这个愿望确实让人无限向往，但是科学告诉我们，那是根本不可能实现的。因为，各种气候的形成原因非常复杂，凭借人力来改变整个世界的气候，现在看来还是天方夜谭。

气候的形成主要与五大要素有关，这些要素在短期内变化很小，因此气候也相对比较稳定。太阳的辐射是五大要素中最重要的一点，对于不同地区而言，由于所处的纬度不同，所能接受到的太阳辐射能量自然也大不相同，以赤道地区最多，依次向南北两极高纬度地区递减。大气环流通过热量和水汽的输送来影响气候的形成，当大气环流趋于稳定的时候，气候也表现得正常，当环流出现异常时，

气候和天气的关系

天气和气候不一样，我们看到的天气现象总是变化多端：有时晴空万里，有时又乌云密布，刚才还是风和日丽，一转身就开始狂风暴雨，我们说天气具有瞬息万变的特点。但是天气的千变万化并不是没有规律可循的，大气运动过程中能够产生多种不同的天气系统，每一种天气系统都具有一定的特点。因此，只要我们掌握了天气系统的演变规律，就能够分析出未来的天气变化情况。而一个地方的气候则用来反映该地多年来天气情况的大致情形。比如，北京1月份的平均气温为－4.7℃；7月份的平均气温是26.1℃；年平均降水量是636.8毫米，其中74%的降水发生在夏季。把这些情况概括起来，我们就可以说北京的气候特征是：冬季寒冷干燥、夏季高温多雨。

所以，我们说天气和气候虽然属于两个不同的概念，但是却有着密切的联系，天气是气候的基础，气候是对天气的概括。

基本的气候类型之间的关系

气候类型的划分方法有很多种，通常是采用气温、降水量和其他要素的平均值以及年变化特征作为指标，在资料缺乏的情况下，也常用土壤情况、植被、水文等要素作为参考。

气候类型有很多种，大陆性气候和海洋性气候是其中两种最基本的气候型。其他的各种气候类型基本上都是从这两种类型中演变出来的。例如，海岸气候就是大陆气候和海洋气候间的过渡性气候类型；季风气候是大陆性气候和沙漠气候的混合型；沙漠性气候是大陆性气候的极端形式；草原性气候是大陆气候和沙漠性气候之间的过渡型气候；只有山地性气候比较特殊，它受到地形因素的影响比较大，但是其特点也可以从大陆性气候和海洋性气候的类比中找到。

那么灾难性的天气也常常伴随而来。海陆对气候的影响显著，在地球上形成了差别巨大的大陆性气候和海洋性气候两种基本气候类型。一般来说，大陆性气候全年温差变化较大，湿润程度较低，而海洋性气候则恰恰相反。地形对气候的影响同样不可小觑，高大的山脉或者高原常常能阻挡住大气的环流，从而造成山脉或者高原两边，气候大不一样。洋流对气候产生间接性的影响，一般情况下，有暖流经过的地区，气温要比同纬度各地要高。相反，有寒流经过的地区，温度往往较低。

除了上述五个基本要素之外，还有冰雪覆盖等因素也能对气候的形成产生重要影响。由此可见一种气候的形成是由多种条件共同影响的结果，是非常复杂和不可抗拒的。所以，我们的美好愿望一时难以实现。不过幸好各地的人们也早已习惯了当地的气候，如果气候发生变化，还有可能适应不了呢！

要是能呼风唤雨多神气

如果你觉得天气太闷热，就可以让老天刮点风来透透气；如果明天有重要的活动，需要晴朗的天气，你就可以轻易地推翻天气预报中有雷雨的结论；如果你在烈日当头的酷暑，想体验一下滑雪的刺激，那么你马上可以变出"七月即飞雪"的人间奇迹！不错，如果你能呼风唤雨，你就能体验到做玉皇大帝的感觉。但是，等等，如果你的想法得不到别人的认同呢？如果你想滑雪的时候，好朋友却想去海边游泳呢？如果你希望下雨，别人却渴望万里无云呢？怎样协调这种矛盾冲突呢，如果处理不好，也许过不了多久你就会成为最不受人欢迎的人。

现实中想呼风唤雨基本上是痴人说梦，大多数情况下，科学家也爱莫能助。你也许会说，不对，科学家能够实施人工降雨，这也算是"唤雨"呀。其实，人工降雨也不是随随便便就可以实施的，它需要一定的条件，如果你见识过人工降雨的过程，就会看到人工降雨的小分队开着卡车追着天空中的云彩跑的景象。不错，人工降雨需要天上有云彩。云是大量聚集的小水滴悬浮在空中形成的，这

些小水滴只有聚成大水滴的时候才能形成降雨。科学家通过发射炮弹的形式，把某种化学药品抛洒在云里，促使小水滴结合形成较大的水滴，最后降落到地面上来。而且在比较空旷的地区实施人工降雨，成功的可能性并不大，还要花很多钱。除了实施人工降雨以外，科学家们还能够利用类似的手段实施人工防雹、人工消雾等作业，从而减轻自然灾害所造成的损失。

现在，有科学家在研究怎样阻止大风暴的发生。我们知道大风暴特别是台风，会对沿海地区人们的生产和生活产生巨大的影响，

生物圈 2 号实验

在美国亚利桑那沙漠的正中央，有一座建于 1991 年，占地约 1.3 万平方米的巨大水晶宫——生物圈 2 号。科学家们用它来论证人类能否复制地球的生物圈。

生物圈 2 号内包含了地球上常见的 5 种生态系统：沙漠、草地、湿地、海洋和雨林。里面还有青蛙、蚂蚁、山羊等动物。生物圈 2 号完全隔绝于外界，不接受外界空气、食物和水的补充。1991 年 9 月 26 日，来自不同国家的 8 名男、女科学家进入生物圈 2 号，开始了为期 2 年的生活和试验。但是，结果并不理想，科学家们居住了 1 年以后，生物圈内的氧气含量就从 21% 降到了 14%，3 年以后，一氧化碳的含量超过了 79%，这严重危害到人类的身体健康。生物圈上层的温度远远高于预计的数字，而下层的温度则大大低于预计的数字。

实验结束后，专家们进行了总结，一致认为现在科技水平下，人类无法用人工的方式维持地球的活力，地球仍然是我们唯一的家园，我们应该去珍惜它。现在生物圈 2 号被用来研究环境现象以及人类的活动将对自然界产生什么样的影响。

能够及时阻止台风的发生无疑是一件造福于民的大好事。但是，到目前为止，科学家们还没有足够的办法来预测飓风发生的时间和地点，至于阻止则更是无从谈起。所以，真的要达到呼风唤雨，结束"天有不测风云"的历史，人类还有一段很长的路要走，如果你在这方面有兴趣，也可以努力学习相关知识，也许将来你能够攻克这些难题呢！

第一次人工降雨

　　发现人工降雨方法的是美国科学家欧文·朗缪尔，1946年7月的一天，朗缪尔正在紧张地做实验的时候，电冰箱突然出现故障，丧失了制冷功能。于是朗缪尔决定用固态的二氧化碳，也就是干冰来制冷。当他把干冰放进冰箱的时候，奇妙的一幕出现了，小小的冰室内飞舞着冰粒和雪花，人工云变成了冰和雪。

　　通过这一偶然的发现，朗缪尔认识到干冰是实施人工降雨的好材料。1946年的一天，在朗缪尔的指挥下，一架飞机腾空而起，把207千克的干冰撒播到了云层上面，30分钟以后，狂风大作，倾盆大雨随即洒向大地，人类历史上第一次人工降雨试验成功了。

　　在朗缪尔研究的基础上，科学家们又发现用碘化银同样可以进行人工降雨。而且，碘化银可以在地面上进行撒播，利用气流的上升作用漂浮到云层中，比用干冰降雨更加简便易行。

怎么不给地球装一个大空调

　　暑来寒往，一年四季气温各不一样，人们不得不承受夏天的酷暑，忍受冬天的严寒。春秋季节早晚温差大，早出晚归的人们穿衣都成了一个麻烦。如果给地球安装一个大空调就好了，一年四季一天24小时，每时每刻的温度都在人们的控制之下，再也不用为冷暖发愁了。

　　给地球安装一个大空调，这确实是一个不错的想法。但是将这个想法付诸实践，至少在现在看来还是不可能的。地球是一个半径约为6 370千米的球体，表面面积达51 000万平方千米。给偌大的天体安装一个空调，这个空调的大小自然可想而知了。不用说制造这样一个空调需要花费多少的人力物力，单是把这样的空调悬挂在地球上面也是一个难以想象的工程。空调安装完毕，让空调正常运转所需要的能量，恐怕也不是哪一个国家所能承受的。即使是人类克服了这些难题，由谁来操纵遥控器，全世界恐怕也难以达成一致。你渴望四季如春，爱好滑雪的人却希望冬天能长一些，爱好冲浪的

人可能想让炎热的夏天永远没有尽头。所以，给地球安装一个大空调，看起来是一个美好的愿望，实际上根本不可行。我们所能做的是将忍受变成享受。那么首先就让我们来了解一下，气温为什么会在1年之内、1天之内变化多端。

我们知道因为地轴是倾斜的，地球上才有了四季的变化。所以，接下来我们重点介绍一下1日之内气温的变化规律。气温在1天之内有一个最高值，一般出现在下午14时左右；一个最低值，出现在黎明前最黑暗的时候。这是因为，日出以后，随着太阳辐射渐渐增强，

气温日较差

1天之内，最高气温和最低气温之间的差距就叫作日较差。观察气温的日较差，可以更好地认识一个地方的气候特征，一般来说气温日较差的大小和该地的纬度、地表性质、季节和天气情况等因素有关。

气温的日较差一般随纬度增高而减小，研究发现，低纬度地区的平均气温日较差是10℃～12℃，中纬度地区平均为8℃～9℃，高纬度地区平均为3℃～4℃；海洋和陆地上的气温日较差也不一样：海洋上的气温日较差较小，一般仅有1℃～2℃。陆地山的气温日较差较大，常能达到14℃～15℃。另外在陆地上，气温日较差又因地面状况而异，裸地比林地大，砂土地比黏土地大，谷底、盆地日较差大，丘陵、山顶的日差较差小。气温随季节的变化，以中纬度地区最为显著。中纬度地区，夏季正午太阳的高度角大，而且白昼的时间长，1天之内太阳辐射强度变化大，所以气温的日较差也大，而冬天则恰恰相反；天气情况也会影响气温的日较差，云层厚的天气，地面上获得的太阳辐射少，夜间云层又能阻挡地面热量散失，所以日较差要比晴朗的天气小。

地面不断吸收太阳的热量，温度随之升高，同时地面还将部分热量输送到大气之中，于是气温也慢慢升高了；正午时分，太阳的辐射达到了最高值，随后就慢慢减弱，但这时地面的温度仍然在慢慢地升高，输送到大气中的热量也在不断增多，温度也不断升高，直到下午14时，温度达到一天之中的最高值，之后就开始慢慢下降；太阳落山以后，地面没有了热量来源，但在白天的中的攒下的"积蓄"还够维持一段时间，直到黎明前，地面的热量几乎消耗殆尽，于是气温也降到了最低点。这就是一天之中气温变化的规律。

虽然我们不可能给地球安上一个大空调，但是明白了1年乃至1天之内的气温变化规律，我们就能很好地适应气温的变化，提前做好准备，那么再糟糕的气温也没什么好害怕的了！

夏天下雪该多有趣

烈日炎炎的夏日，气温高得吓人，路上的行人尽量傍着有阴凉的地方走，而两旁的树也都被晒得无精打采，这时候如果能吹来一阵凉风，或能下一阵小雨，都会让人精神为之一振。更有"贪得无厌"的人会想，如果能下场雪就好了，那就像是给整个城市吃了一次冰淇淋一样，一定非常刺激！

夏天为什么不下雪呢？这个问题还是要从雪的形成说起。我们都知道雪和雨一样都是由云中的水汽和冰粒所形成的，但是水汽怎样才能形成降雪呢？是不是只要温度降低到0℃以下就可以了呢？不是这样的，雪的形成有两个基本条件，第一个条件就是云中的水汽要充足，只有在水气充足的情况下，随着温度的降低，云层中才有可能形成小水滴或者小冰晶。第二条件就是空气中要有凝结核，这个条件也是必不可少的，如果空气中没有了凝结核，就算是水汽充足到自然界中的最大状态，也不可能形成水滴或者冰晶。凝结核就是一些悬浮在空气中的很微小的固体颗粒，最理想的凝结核是那些吸收水分能力强的微粒，比如海盐、硫酸的微粒等。云层中的小

75

屋子里的雪花

1773 年的冬天，俄罗斯圣彼得堡的一家报纸上刊登了一则非常有趣的新闻。新闻上说，在一次舞会上，由于舞厅里人多，而且又有成百上千支蜡烛在燃烧，使得舞厅里面又热又闷。这种槽糕的环境，让一些身体欠佳的小姐和夫人感到难以接受，甚至有几个人还因此而昏了过去。这个时候，一个年轻人跳上窗台，一拳打破了玻璃。顿时一股冷气冲进屋来。

忽然，舞厅出现了令人意想不到的奇迹，一朵朵美丽的雪花随着寒风在舞厅内飞飞扬扬，飘落在闷热得发昏的人们头上和手上。所有人都认为舞厅外面也下起了小雪，然而当他们走出舞厅的时候，才发现天空星光稀疏，明月当空，分明是一派晴朗的景象。

那么，舞厅内的雪是从那里来的呢？莫名惊讶的人们议论纷纷，以为是一种神秘的力量所造成的。后来，科学家们才打破了这种谣传，原来舞厅里由于许多人的呼吸，已经饱含了水汽，蜡烛燃烧又在空气中布满了凝结核。当窗外的冷气破窗而入的时候，使得大厅内的水汽骤然凝结成固体，于是就出现了美丽的雪花。可见，只要具备了下雪的两个条件，就连屋子内也会下雪。

冰晶形成以后，在运动中会不断发生碰撞，冰晶的表面就会因此而出现些许的融化，继而开始互相黏合重新冻结，这样重复多次冰晶就增大了，另外冰晶也可以依靠云内水汽的凝华而增长。当冰晶增大到一定程度，能够克服空气的阻力和浮力的时候，便飘飘洒洒地飞向了地面，这就是雪花了。

冬天的时候，地面上的气温比较低，空气比较稳定，雪花一旦形成就很容易降落下来。在初春或者秋末的时候，靠近地面的空气温度常常在 0℃以上，这种温度会使雪花没有来得及飘落到地面就

开始大面积的融化，这种现象叫作降"湿雪"或者"雨雪并降"，气象学家们的正规叫法是"雨夹雪"。到了赤日炎炎的夏天的时候，温度更是达到了一年中的最高点，轻飘飘的娇贵的雪花怎么能忍得了呢，她们在下落的过程中早早地融化掉了。所以在夏天的时候，我们因为炎热而想念雪花，但没想到雪花比我们更加怕热！

雪花为什么是六角形的

下雪的时候，只要你仔细观察就会发现雪花的形状虽然各不相同，但是大同小异，她们都是六角形。为什么雪花的基本形态不是五角形或是三角形呢？原来，这和水汽凝华时的晶体习性相关。

水气凝结成的雪花和水冻结成的冰都是六角形，同属于六方晶系。从根本上说是源于水的化学结构。我们在博物馆里经常能够看到晶莹透明的水晶，水晶和雪花一样也属于六方晶系，我们可以很明显地看出，水晶的表面呈六角形。

冰雹要是大得不得了
会怎样

　　夏季，经常会从天空中降下冰雹。这些冰雹的形状多种多样，有的像豆粒一样，有的像麦粒一样，体积一般很小，直径在5毫米～50毫米之间。但是也下过一些巨大的冰雹，据报道，我国的湖南省就曾下过重达35千克的冰雹，而西班牙下过的最大的冰雹更是重达50千克。这些巨大的冰雹将会造成严重的灾害，如砸伤行人、毁坏房屋、打击农作物等等。如果你遇到了这样的情况，要抓紧找到一个能够藏身的处所，以免被冰雹危害到生命。

　　这些巨大的冰雹是怎样形成的呢？原来，冰雹形成于冰雹云，冰雹云共有3层，最上面的一层气温在－20℃以下，由冰晶和雪花组成；中间的一层包含了冰晶、雪花和少量的水滴，温度在－20℃～0℃；最下面的一层由水滴组成，温度高于0℃。冰雹云中气流的上升和下降非常强烈，当气流上升时，会把下层的水滴送到中层或者上层，由于中上层的温度很低，水滴遇冷很快就会凝结成冰，形成冰雹的胚胎——雹核；接着，下沉的气流会把雹核送到下层，由于下层的温度在0℃以上，因此，雹核的表面一部分会融化，同时又有新的水滴粘到冰雹上面。这个时候，如果又有上升的气流把雹核带到中上层，雹核外面的水滴就会冻结，于是冰雹就会变大。这样连续经历几次升降运动，冰雹就会像滚雪球一样，越变越大，越变越重，直到冰雹增大到上升的气流已经托不住它的时候，它就会像一艘载重过大的海船沉到海底一样，从天空中砸向地面。可见，冰雹在冰雹云中经历的升降运动越多，体积就会越大，所以巨大的

冰雹的类型和结构

从冰雹云中降落的冰雹，按照其大小、软硬程度、结构形式等特点，大体可以分为4种类型：

冰雹：直径在5毫米以上的冰块，比较硬，落地会反弹。它由内部不透明的核心和外部层层不透明和透明交替出现的冰层组成，是危害性最大的冰雹。

软雹：结构比较松散，重量较轻，着地容易破碎。这种冰雹多在高纬度或者高原地区出现，危害较小。有人认为：利用高空爆炸的方式，可以将冰雹变成软雹。

冰丸：直径在5毫米以内的冰块或者冰球，结构比较硬，落地会反弹，它所造成的危害仅次于冰雹。

霰：白色或乳白色不透明颗粒状冰球，直径2毫米～5毫米，结构松软，着地易破碎，常呈球形或圆锥形。

冰雹的内部结构很不均匀，中间有一个雹核，主要由霰粒或软雹构成，也有的是由大水滴冻结而成的透明冰核。雹核的外面包裹着透明和不透明的冰层，这些冰层最多有30多层，在各冰层中还夹杂着大小不同的气泡。

如何识别冰雹云

　　无论在外表、颜色还是雷声、闪电等方面，冰雹云和普通的积雨云都有差别，我们可以通过这些差别，判断出冰雹云，提前做好预防冰雹的准备，以避免遭受出乎意料的打击。

　　冰雹云的云层比较厚，云底距离地面较低，一般只有数百米，而云顶却很高，可以达到十几千米，因此当冰雹云移动过来的时候，真的有黑云压城城欲摧的感觉，天空乌黑，就像夜幕提前降临了一样；冰雹云刚出现的时候，顶上白底下黑，以后云中出现红色，云在剧烈的翻滚中，红、白、黑三色扭成一团，云边呈土黄色；冰雹云的闪电也和别的云不一样，它不是自上而下的闪电，而是横闪，即云中或者云与云之间的闪电，这种闪电的出现说明冰雹的形成过程非常剧烈；冰雹云的雷声与一般云的雷声相比，低沉而且连续不断，俗称推磨雷。

冰雹就是雹核历经升降运动所形成的。

　　鉴于大冰雹对人类社会将会造成的影响，人们往往在冰雹来临前进行积极的预防措施。预防的方法很多，主要是用发射特殊炮弹的方式，来减弱冰雹云中的上升气流，使冰雹未经长大就降落下来。也可以将各种催化剂喷射到冰雹云中，使其永远不能形成冰雹。通过这些措施，人类遭受大冰雹袭击的概率就减小了。

酸雨真的很酸吗

对于酸雨，你应该是早有耳闻了。但是，你是否真的了解它呢？你或许会说，顾名思义，酸雨就是味道是酸的雨。我们知道酸有很多种，比如：梅子的酸、柠檬的酸、醋的酸味道都大不一样，那么你觉得酸雨是什么样味道呢？说到这里，你可能会感觉到舌底生津，暗暗地咽一口口水，也可能会不屑一顾地说，我才不喜欢酸味道呢。我喜欢的是甜，如果哪天下了甜雨，我倒要品尝品尝。甜雨，是的，既然有酸雨，当然也应该有甜雨了。老天也应该满足人的不同口味呀。如果你真的盼望甜雨的出现，那么你大概要失望了。这并不是上天不公平的过错，而是因为酸雨根本不是你所想象的那种酸雨。

酸雨简单来说就是酸性的雨。它是从哪里来的呢？现代社会中，工业、农业和交通运输把大量的污染气体排放到空气中，其中就包括许多酸碱性物质，这些污染气体和尘埃一起升到高空，附着在水滴之中，当下雨的时候，也就随之从天而降了，这就是人们常说的酸雨。

酸雨的危害非常大，它对农业、建筑、人体健康等都会起到不

好的影响。如：酸雨降落到河流、湖泊中，就会引起水质的酸化。水质的酸化首先会引起湖泊内水草和水生微生物的减少，俗话说"大鱼吃小鱼，小鱼吃虾米，虾米吃泥滋"，其实泥滋之中就包含了大量水生微生物，所以水草和水生微生物就是湖泊所有生物的基础，一旦鱼虾离开了它们，就如同鸟兽离开了森林，最终不免灭亡的命运。

在农业方面，酸雨会导致土壤的酸化，土壤中大量的营养物质会因此而流失掉。酸雨还会改变土壤的结构，导致土壤的贫瘠化，影响到植物的正常发育，另外，酸雨还能诱发植物的病虫害，使作物减产。我国南方的土壤本来就多呈酸性，如果再经历酸雨的冲刷，无异于雪上加霜。

酸雨还会腐蚀建筑，尤其是它对暴露在外的文物的破坏更令人痛心。著名的杭州灵隐寺的"摩崖石刻"近年来就屡屡遭受酸雨的侵袭，佛像的眼睛、鼻子、耳朵等处已经出现严重的剥蚀现象，珍贵的古迹已经面目全非了。

另外，酸雨对人的身体健康也有不良的影响。尤其是眼角膜和呼吸道黏膜等处对酸类物质十分敏感，很容易受到酸雨的刺激，使

赤　稻

水稻本是翠绿的颜色，到了成熟的季节就变成了金黄色，再加上特殊的稻米香味，稻香村成为令人陶醉的田园风光。

但是，如果水稻变成了赤色，你还会有这种美好的感觉吗？我们见过红高粱、赤豆，但是赤稻却从没见过。如果真的出现，倒是一件怪事呢！怪事就发生在我国重庆，1982 年 6 月 18 日，重庆下了一场强酸雨，某乡上万亩的水稻叶子迅速变成了红色，一场灾害使稻谷减产了 40 万千克！

人出现红眼病、支气管炎等病状，还可能诱发肺病。这是酸雨对人体健康的直接影响。另一方面，农田土壤的酸化，能够使汞、镉、铅等有害重金属溶化，继而被农作物所吸收，人类摄取后就有可能出现中毒的情况。

综上所述，酸雨不是一种味道酸酸的雨水，而是目光短浅的人类为了谋得一时的发展所酿成的灾害性天气。因而，我们要从现在开始，注意保护自然环境，尽力与破坏环境的行为做斗争，使酸雨尽快从我们的生活中消失。

酸雨还在发展

1986 年 5 月，在肯尼亚首都内罗毕召开的第三世界环境保护国际会议上，与会的专家和学者一致认为，酸雨现象正在不断发展，已经成为威胁世界环境的十大问题之一。

确实，酸雨是由大气污染物随着雨水降落到地面而形成的，而大气的运动是飘忽不定的，它足以把有害的气体带到地球上的任何地方，并在那里造成酸雨。现今，地球之上已经没有一方净土了，就算是在人迹罕至的南北极地区也早已出现了酸雨天气！1980 年，挪威科学家在北极考察的时候检测到酸雨，据估计是苏联南部工业区工厂所排放出来的污染空气，随气流漂流数千千米到达北极地区所形成的。1998 年上半年，我国的南极长城站曾 8 次测到酸性降水，其污染物是来自亚太地区和南美洲。

酸雨给人类敲响了警钟，环境的污染势必会影响到人类的生存，人类只有尽快反省，才能遏制进一步恶化的形势，也为后人留下更好的生存环境。

天天能看到彩虹该多好

如果你想天天都能看到彩虹，那么你不得不天天忍受雨水的滋扰，因为正如一首耳熟能详的歌曲所唱的那样，"不经历风雨怎能见彩虹"。彩虹正是在风雨之后才出现的。

雨过天晴，天空中会出现一个由：红、橙、黄、绿、蓝、靛、紫 7 种色彩组成的光带，这条光带就是大名鼎鼎的彩虹。至于彩虹是怎样形成的，古人很早就给出了比较科学的答案，如我国北宋时期著名的科学家沈括就曾在他的著作《梦溪笔谈》中提到："虹，日中雨影也；日照雨，则有之。"唐代的张志和在《玄真子》中说："背日喷乎水，成霓虹之状。"可见，古人早已意识到彩虹是由阳光照到水滴里，发生反射和折射所形成的。

为了更好地说明这个问题，我们不妨来做两个实验。第一个实验，拿一个三棱镜，让阳光从三棱镜的一端射入，从另一端射出，投射到白墙壁上。这时候我们会发现，墙壁上出现了七彩光带，这个实验告诉我们，阳光并不是白色的，它实际上包含了红、橙、黄、绿、蓝、靛、紫 7 种色彩。第二个试验，我们可以找一个小朋友背负装满水

的喷雾器，面对池塘，背对太阳，不断地向池塘里喷水。这个时候，我们站在那个小朋友身后，马上就会看到一条美丽优雅的7色彩虹，宽度足有0.5米，十分清晰，只要不断均匀地喷雾，彩虹就会一直保持住。通过这个实验我们可以发现，喷雾器喷出的小水滴，实际上起到了三棱镜的作用，它把阳光里的7种色彩区分了出来，形成了小小的彩虹。

通过以上两个实验，我想你已经知道彩虹形成的原因了，对了，正像你所想象的那样，在雨水之后，空气中布满了微小的水珠，这些小水珠就是一个个小小的三棱镜，反射和折射出阳光的7种颜色，形成令人叹服的彩虹。也许你要问，为什么夏天的午后常常能见到彩虹，而在冬天怎么很少见到呢？这是因为，夏天的时候雨水比较多，而且常有雷阵雨，这些雨的范围不是很大，常常是这一边在下着雨，另一边还是阳光普照，而且雨后空气中的水汽也很充足，这样"三棱镜"和光线都有了，彩虹自然就很容易出现了；而冬天的时候，

七色光之外

人们常说的七色光，指的就是红、橙、黄、绿、蓝、靛、紫7种颜色，但是世界上除了这7种颜色之外是不是还有其他颜色呢？

其实人们对颜色的感受包括两方面的内容，一种是色相，即太阳光按照波长的不同而呈现出来的7种色彩；另一种是饱和度，就是平时我们所说的颜色的深浅程度。

因为有了饱和度，这7种基本色彩便又派生出了许多深浅不同的色彩出来，这些色彩都是由纯色和白色调和而形成的。如：浅绿、中绿、深绿、橄榄绿、鹅黄、湖蓝、奶油色等等。

光的折射和反射

　　平静的水面会反射出一部分照在它上面的光线，正是由于这个原因，池塘平静的水面上才会倒映出树木的影子。但是，大部分照射到的水面上的光线并没有被反射，而是突然改变了方向，进入了水中。光线在进入水中时，改变原来的前进路线，发生偏折的现象就是光的折射。当由一种介质进入另一种介质的时候（比如由空气进入水里），光线就会在两种介质的表面发生折射。折射所带来的结果之一就是太阳光的色散，彩虹的形成实际上就是因为太阳光折射的结果。

　　当光线碰到不透明的障碍物的时候，就会改变方向折回来，这就是光的反射。运用光的反射现象，我们就可以解释为什么能够在镜子中看到自己。我们的脸庞被太阳光照到的每一个部位都会向镜子反射出光线，镜子再把这些光线向一个特定的方向反射，我们的眼睛接收到那些好像自己形象的光线，于是就从从镜子中看到了自己。

　　天气寒冷，空气干燥，下雨的机会本来就少，阵雨更是难得一见，飘飘洒洒的雪花倒是常能看到，但是降雪并不能形成彩虹。

　　可见，大自然中的彩虹是可遇不可求的，但是如果你想天天都看到彩虹，也可以人工来创造呀，就像我们所做的第二个实验一样。

电闪雷鸣是"老天"
在发怒吗

我们在电视上常常能够看到好人咒骂坏人，"你做了那么多坏事，也不怕天打雷劈！"确实，我国古代很多人都相信一个人如果做了太多伤天害理的事情，就连老天都会震怒。老天会借助电闪雷鸣来为人间主持公道。但是，事实上是不是这样的呢？

其实，说电闪雷鸣是老天在发怒，这只不过是人们主观色彩很浓的猜测而已。闪电和打雷是发生在大气中的一种放电现象。在夏季闷热的午后及傍晚，地面上的热空气带着大量的水汽，不断上升到高空中，形成一块一块的积雨云。这些积雨云携带着不同性质的电荷，另外由于受到近地面积雨云所带电荷的感应，地面上带上了与云底不同的电荷。我们知道不同性质的电荷是会相互吸引的，就像磁铁的两极互相吸引一样。空气的导电性很差，阻挡了正负电荷之间的汇合，但这种阻挡并不是不可逾越的。当云层里面的电荷越积越多，具备足够的能量的时候，正负电荷之间的吸引力就会洞穿

空气，开辟出一条狭长的通道，强行汇合在一起。由于云层之间的电流很强，通道上的空气被点着而激烈燃烧，使得通道上的温度甚至比太阳表面的温度还要高出好几倍，所以就会发出耀眼的白光，这就是我们见到的闪电了。而雷声是空气和水滴由于骤然受热，突然膨胀所发出来的巨大声响。雷声和闪电本来是同时发出的，但是因为闪电是光，它的传播速度是30万千米／秒，而雷声的传播速度是340米／秒。二者的传播速度相差很多，所以我们总是先看到闪电后听到雷声。

雷电的利用

看到电闪雷鸣的现象，爱动脑筋的小朋友一定会想：要是能把天上的电收集下来，供人们使用该多好呀。科学家们也考虑过这个问题，但是利用闪电的能量有一个困难，就是闪电的发生时间和地点人类无法控制。虽然闪电是一种常见的自然现象，但是每年每平方千米的面积上只能经历一两次闪电，而且各次闪电都隔着很大的距离。有人测算过，在强雷雨的时候闪电之间的平均距离是2.4千米，在弱雷雨时闪电之间的平均距离是3.7千米。这就意味着如果人们固定在一个地点建造采雷装备，一年之中也仅有寥寥数次能够收集到闪电的能量。

虽然闪电的能量科学家们暂时还无法直接收集，但是用闪电制造肥料的想法已经付诸了实践。比如曾经有人在田野上树立两三根20多米高的木杆，间距120米，杆顶装着金属接闪器，用金属导线连接接闪器并一直延伸到地下。通过这种方法把闪电所形成的二氧化氮固定到土壤中去，大大增加了土壤中氮的含量，有利于作物的生长。

可见，电闪雷鸣并不是老天在发怒，它所击倒的人也不一定是坏人，所以又常常会发生"老天不长眼"的情况。另外，雷电还会击毁房屋，引起森林火灾，破坏高压输电线路。雷电还是安全飞行的巨大障碍，高空飞行的飞机误入雷雨云中，如果本身没有配置消雷装备，就会遭遇剧烈的颠簸，若是不幸遭到直接电击，那么飞行事故就不可避免了。但雷电并不是一个无恶不作的大魔头，它也会做出许多有益的事情，如夏季的雷电常常伴随着降雨，滋润万物；雷雨能将空气中的烟尘等污染物冲刷干净，起到净化空气的作用；雷电产生的高温能使空气中的氮气和氧气直接化合，产生二氧化氮，随着雨水渗入农田变成硝酸盐，成为天然的肥料。

雷雨之后，为什么空气格外清新

雷雨通过冲刷掉空气中的尘埃、烟雾，而达到净化空气的作用，使得我们觉得空气清新。实际上，除了雷雨给大气洗淋浴以外，空气清新还有更重要的原因。

原来，在发生闪电时，空气发生了一场化学变化，一部分氧气变成了臭氧。臭氧能够起到漂白和杀菌的作用。浓浓的臭氧是淡蓝色的，臭味很浓，但是稀薄的臭氧非但不能使人感觉到臭味，还会给人一种清新的感觉。夏天的雷雨过后，空气中飘荡着淡淡的臭氧，这些臭氧净化了空气，使人倍感新鲜和清爽。

腾云驾雾的感觉
一定很奇妙

　　我想你对《西游记》中孙悟空驾着筋斗云，一飞"十万八千里"的描写印象深刻，一定对那种拧一拧身，倏忽千里之外，一日之内游遍天下的潇洒劲儿，十分向往，也会无数次梦想着自己有朝一日体验到腾云驾雾的奇妙感觉。这样每天的上学、放学再也不用挤公交车或是骑自行车了，出游也方便多了。

　　那么作为一种"飞行器"，云彩是怎样形成的呢？原来，云彩是来自地面。地面上的水受到了太阳的辐射以后，变成水蒸气飘到了天空中，到了空中遭受到"高处不胜寒"的待遇，就凝结成了小水滴，这些小水滴在和空气中的尘埃、盐粒等杂物混合在一起，便形成了千姿百态的云。据估计，每年从海洋和陆地上蒸发到空中的水分有 4.5 亿吨之多。

　　小水滴就是制造云彩飞行器的最主要原料，它的体积很小，平均直径仅在 0.01 毫米～0.02 毫米之间，最大的直径也不过 0.2 毫米。

由于水滴小而轻，它们下降的速度很慢，一般都会在降落过程中又被上升气流托起，偶尔有一些漏网之鱼，也会在降落到地面之前而被重新蒸发掉，所以，小水滴便抱成团，成片成片的飘浮在空中。

云彩在空中不断地变幻着形状和颜色，我们常常看到天空有时碧空万里，有时点缀着朵朵白云，有时黑云压境，有时又放射出万丈彩光。有时洁白、有时乌黑、有时呈铅灰色，有时呈红色或者黄色。多姿多彩的云彩引发我们无数的遐想。其实天空中的云都是白

彩霞是如何产生的

在日出和日落前后，天际有时会出现色彩艳丽的云彩。早上的时候它叫作朝霞，傍晚的时候它叫作晚霞。霞是怎样产生的呢？

日出和日落时分，太阳光需要透过厚厚的气层才能到达地平线附近的空中。当阳光通过大气时，波长较短的紫色光和蓝色光都已经被散射现象减弱得差不多了，到达地平线上的已所剩无几。剩下的只有波长较长的红色、黄色和橙色光线了。这些鲜亮的光线经过地平面上空的空气、水滴和尘埃的散射后，色彩艳丽的彩霞就出现了。

彩霞的颜色和鲜艳程度与大气中的水分含量、尘埃的多少有密切的关系，往往是空气中的水汽、尘埃杂质越多，彩霞的颜色就越鲜艳。所以，彩霞的色彩和出没对天气的变化有预警作用。我国民间有"朝霞不出门，晚霞行千里"的谚语，早晨出现彩霞，说明大气中的水汽和小水滴已经增多，而且云层从西方侵入本地，所以可以预见不久就会出现阴雨天气。晚霞的出现，说明西方已经雨住云散，天气转晴，而且金黄色和大红色的晚霞还说明大气的稳定情况较好，未来的天气将会转晴。

雾是靠近地面的云

秋冬季节的夜晚，云少风小。地面的散热速度快、温度下降的幅度大。近地面的空气中，水汽在后半夜和黎明时分容易达到饱和状态而凝结成雾。像云一样，雾中也包含了大量的水汽滴和尘埃，所以雾实际上就是靠近地面的云。

雾大体分为5种，第1种叫作辐射雾，太阳一升高，随着地面温度的上升，空气中容纳水汽的能力增大，雾也就立即蒸发消散了。辐射雾常常预示着当天是个好天气。谚语"十雾九晴"指的就是这种雾。第2种叫作平流雾，是由温暖潮湿的空气流经冷的海面和陆面时，空气低层受冷凝结而成的，这种雾一旦形成，持续的时间就会较长。第3种雾叫作蒸汽雾，当水面是暖的，而空气较冷时，水汽便会源源不断地从水面蒸发出来，遇到冷空气凝结成小水珠，就成了蒸汽雾。这种雾多出现在寒冷的极地。第4种雾是上坡雾，这是由潮湿的空气沿山坡爬升，逐渐冷却使空气的水汽含量达到饱和而形成的。第五种雾是锋面雾，这是冷暖空气交汇时出现的情况。

色的，只是因为云层的厚度不同，以及云层受阳光的照射而显出不同的颜色而已。

可见，轻飘飘的云彩基本上是一片水雾，它没有灵性，只会随风飘荡，并不能听从我们的指挥。而且云彩还不能够承受我们的重量，立足其上，如站立在空气中一样，势必会重重地摔在地上。腾云驾雾的想法，看来只有在梦中实现了。

难以捉摸的世界
——物理现象

没有空气会怎样

　　有人觉得这个世界太平淡了，每天是一成不变的日出日落，每年是一成不变的春夏秋冬，一成不变的花开花落。是的，虽然没有在这个世界上度过多少年头，但是从不会安分守己的你总是期待着世界能来一次令人激动的改变。那么如果地球上没有空气会怎样呢？这个想法在你的脑海里一闪而过，想象中的神奇世界瞬间在你的眼前展开。

　　如果地球上没有了空气，你首先想到的应该是给自己戴上一个氧气罩，因为窒息并不是一种令人愉快的感觉。然而，地球上的其他生物可能不会像你这样幸运，因为大概没有人会不辞劳苦地为它们带上氧气罩，所以大约用不了多久，地球就会变得冷清起来。实际上，如果没有了空气，地球上的情况绝不是冷清所能形容的，它应该是绝对安静的，因为没有了空气，声音便没有了传播的介质。在这种环境下，你会变得和哑巴无异。所以为了能够和同伴交流，你最好先学会哑语。

　　在没有空气的地球上，你一刻也离不开宇航服的保护。如果

神奇的衣服

　　宇航服的作用就是保护在恶劣环境下活动的宇航员的生命，而在没有空气的地球上宇航服也是你必不可少的装备。那么神奇的宇航服是如何做到这一切的呢？现在就让我们来了解一下这种世界上最神奇的衣服。

　　随着我国宇航员进入太空，我国宇航员穿的宇航服也越来越被更多人所了解。整件宇航服呈乳白色，局部位置镶嵌天蓝色的边线，衣服的中心部位有一个圆形的装置，用来调节衣服内部的气压、温度、湿度。衣服的右腹部有一条细管，是宇航员的通信工具；左腹部处有两条细管，是宇航员吸收氧气和排出二氧化碳的设备。为了方便宇航员手部的活动，服装设计者们还在两条胳膊和上臂之间设置了一个特殊的连接装置。整件宇航服不仅功能齐全，而且精致美观。衣服是连体式造型，胸前有两条呈V字形的拉链，打开拉链，将腿伸进去，用不了3分钟，就可以把宇航服穿戴整齐。

　　你尝试摆脱这种臃肿的服装，后果将是不堪设想的。因为没有了空气，也就没有了大气压，你身体内部的血压会承受不了这种"轻"，最终血管会爆裂，甚至连眼睛都会喷射出来。另外，在没有空气的地球上，你会在一昼夜就感受到冰火两重天的刺激，说到这里，你可能会想到月球上的情景：白天的温度常常能够达到127℃，而到了夜里气温却会下降到-187℃以下。不错，这时候地球上的环境会和月球上差不多，超过300℃的温差不仅是人的血肉之躯所难以忍受的，就连貌似坚强的顽石在强烈的热胀冷缩作用下，也会出现爆裂的现象！

如果没有了空气，调皮的星星也会变得老实起来，它再不会不停地眨眼睛了，而是木讷地挂在天空上；如果没有了空气，天幕的颜色也会由美丽的蔚蓝色变成令人压抑的紫黑色，就像我们在月球上看到的一样。当太阳公公准时从东方升起的时候，你会发现它完全没有了以前的慈祥，它变得小了很多，明亮了不少，悬挂在黑漆漆地天幕上，显得格外耀眼和狰狞。

如果地球上没有了空气，你会发现许多有趣的现象，比如苹果会和树叶一起落下来。对于这个现象你可能会觉得不可思议，因为苹果的质量要比树叶大得多啊。实际上，物体下落的速度和物体的质量基本上没有关系。在往常树叶之所以总是落在苹果后面，是因为空气浮力对它的影响更大，而今，没有空气，树叶当然就恢复了它的本色。除了这个有趣的现象之外，在没有空气的地球上，还会出现哪些令人目瞪口呆的现象呢？聪明的你不妨开动大脑，大胆地去想象一下。

空气的成分

我们身边的空气是混合物，是由多种气体组成的。其组成成分有恒定部分和可变部分两种，恒定部分为氧、氮和氩、氖、氦、氪、氙等气体，可变组成部分为二氧化碳和水蒸气。人们通过反复检验，发现在离地面高度100千米以内的空气中恒定组成部分的含量百分比几乎是不变的。各种气体占空气总体积百分比分别是，氧约为20.95%，氮约为78.09%，氩为0.932%。空气中的可变组成部分，会随着不同地区的变化而有所不同。此外空气中还有微量的氢、臭氧、甲烷以及少量的尘埃。

现在，对于没有空气的地球，你应该有了一些直观的认识，我想你大概会改变自己原来的想法了，甚至还会祈祷让地球永远不出现这种情况。对于这一点，你大可放心，因为地球有足够大的引力，不会让空气从地球表面飞走的。如果你还是想体验一下没有空气的生活，那么你应该到太空中去，那里会有你想要的环境。

东西往上升而不往下掉会怎样

如果所有的东西都像是长了翅膀一样，总是往上升而不是向下掉，那么我们身边将会出现许多有趣的现象。比如成熟的苹果将不会砸落到牛顿的头上，万有引力定律也许不过是一句笑谈；秋天纷落的黄叶不会飘向地面，而是向天空中飞去。这些现象看起来有趣，但是也会给你带来许多麻烦。例如，收获苹果的时候，你就应该站在高空中，而不是站在树下；口袋里掉落的东西，你将不会很容易捡起来，也许你只有借助于捕蝶网才能将那些飞在空中的失物够下来。

如果真的出现的这种情况，那么世界上就应该存在所谓的反重力物质。在人类实际登陆月球之前，一位名叫裘乐·维勒的科幻作家就曾在他的小说《月球旅行》中，描绘了一幅利用反重力物质去月球旅行的奇妙画面。反重力物质，顾名思义，重力不仅不会把这种物质拉向地面，反而会把它推向天空。这一设想确实非常奇妙，但是没有人会相信世界上真的存在反重力物质，如果它真的存在，

那么它也不可能存在于地球上，它应该早就飞到太空中去了，除非地球上有什么力量可以阻挡它的飞升。

也许你要说，世界上确实有物质会飞上天呀，比如氦气球。其实氦气球并不是依靠反重力飞起来的，其奥秘在于气球内部的氦气。我们不妨把自己生活其中的大气层看作是一种"气海"，在真正的大海里，比海水更轻的物质（比如木头）等就会漂浮在海面上，同样的道理，只要比空气轻的物质就会在"气海"里漂浮起来。而氦气就是一种比空气轻的气体，所以它能带着气球飞起来。既然氦气有这种特性，人们为什么不乘坐巨大的氦气球到太空中旅行呢？目前科学家制造宇宙飞船并利用火箭把飞船送到太空中去，需要花费大量的人力、物力和财力，如果用一个巨大的氦气球就可以代替这些设备，那么科学家们何乐而不为呢？原来，就像是海水里的木头不可能漂浮在没有海水的空中一样，脱离了密度大的空气，氦气球

氦气球比空气轻多少

氦气球能在空气中飘浮起来，是因为氦气球比空气轻。那么氦气球到底比空气轻多少呢？让我们来做个实验。

我们先找来一个充满氦气的气球，用一个1米来长的细线把它绑起来。在细线上面每隔5厘米就插上一个别针，然后放开气球，看它还能不能飘浮起来。如果它坠落在地上，一点也漂浮不起来，这就说明气球比空气重，我们就要拔掉几个别针；如果气球还有上升的趋势，就说明气球还是比空气轻，我们就要插上几个别针；如果把气球放在空中的任何位置，它既不下坠又不上升，这就说明气球和空气一样重。这个时候，我们把气球上的别针取下来，称一称别针的质量，这一质量就是氦气球比空气轻的质量。

最轻的气体——氢

氢气是最轻的气体，它的"体重"还不到空气的1/14。它的这一特性很早就引起了人们的注意，1780年法国的一位化学家就利用这一特性制做出了历史上第一个氢气球。

因为氢气的个头小，所以"身手"灵活而敏捷。如果有人能够组织一场别开生面的"原子运动会的话"，那么跑步冠军一定是氢原子莫属了。我们知道一个星球上的物体，如果运动速度达到一定值，就可以摆脱这个星球的引力，飞到太空中去。这个速度就是逃逸速度，地球上的逃逸速度大约是11千米／秒。氢原子的速度往往大于这个逃逸速度，因此氢气大多都跑到太空中去了，地球的大气中很少有氢气。

但是氢气也有一个爱"钻空子"的坏名声。灌好的氢气球，往往过了一夜，第二天就瘪下来。这就是因为氢气能够从橡胶上肉眼看不到的小孔中溜之大吉。不仅如此，在高温、高压的环境下，氢气甚至可以穿透厚厚的钢板！

也就不能再向上飞升了。实践证明，氢气球最多只能飞升到几千米高的空中，连大气层都出不了，更不要说到没有空气的太空中旅行了。

水为什么不往上流

俗话说 "人往高处走，水往低处流"。水往低处流早已是尽人皆知的常识了。但是为什么水往低处流，而不是往上流呢？你也许会说："消防员叔叔就可以让水往上流，他们常常站在地下用水枪来浇灭高处的火，那些从水枪里喷出的水不就往高处流了吗？"其实，水枪是利用某种水泵将水往上喷，自然界的水只会往低处流，因为有地球引力在拉扯。

如果水往高处流，不仅会造成许多闻所未闻的人间奇迹，还能给人类带来许多益处呢。以瀑布倒流为例，我们都知道瀑布是海洋和陆地上的水蒸发而变成雨和雪，形成河川和溪水，在往下流的途中，经过落差比较大的地段而出现的景观。瀑布在往下流的时候，急速下落的水具有很大的能量，如果瀑布中装上发电设置，就可以把流水的能量转化成电能。如果瀑布可以倒流，我们就可以不断周而复始地利用水的能量，要多少就有多少，而不用等待云彩把雨或雪带到瀑布顶端了。

实际上自然界不可能出现瀑布倒流的情况，如果想反复利用水

万有引力

不仅地球对它周围的物体有吸引作用，其他任何物体之间也都有吸引作用。宇宙万物之间普遍存在吸引作用，所以我们说万有引力。

引力是由物体的质量所引起的，两个物体的质量越大，距离越小，它们之间的引力也就越大。通常我们身边的物体由于质量太小的缘故，它们之间的引力也微乎其微，以至于我们根本感觉不到这种引力的存在。比如，两个质量都是 60 千克的人，他们之间相距 0.5 米，他们之间的引力还不到 0.01 牛顿，一个蚂蚁拖动草根的力量都比这个引力大 100 倍！

在天体系统中，由于天体的质量很大，万有引力就起到非常重要的作用。太阳系中的各大行星绕着太阳不离去，就是被太阳的引力给牵扯住了。银河系中，数百万个巨大的恒星聚集在一起，也是万有引力的作用。

在无数的天体中，地球的质量还算是比较小的，但是它的引力却足以把大气、人类和地球上所有的物体束缚住，而且还使得月球和人造地球卫星绕着地球旋转而不离去。重力就是地球表面的物体受到地球引力的作用所产生的。

的能量，我们就必须用水泵把瀑布底端的水抽回顶端。在这个过程中，如果你拥有不浪费能量的完美水泵，那么用来抽水的电力将和流水所制造出来的能量相等，也就是说一个循环下来，你不能得到一点额外的电能，白忙活了。实际上完美的水泵并不存在，在抽水的过程中，总有相当一部分能量转化为热能流失掉，也就是说抽水所用去的能量将会比流水所制造出来的能量多很多，使瀑布倒流根本就是一个赔本买卖。

　　除了水泵以外，还有一种工具可以让水往上流，就是吸虹管。吸虹管是充满水的管子，两端连接着装水的容器，如果其中一个容器中水的位置比较低的容器水位高，水就会顺着吸虹管流到位置高但是水位低的容器中。吸虹管是怎样把水吸上去的呢？你可以把吸虹管中的水看作是一条水绳子，低水位容器中的吸虹管露出水面的部分较长，管子里面的水就比高水位容器里吸虹管里的水多，水绳子一头重一头轻，重的一端就会下垂，水就会不断流出来。这样直到两个容器里面的水位一样高，吸虹管里的水流动才会停止。

能看到声音多有意思

声音对于一般人来说，是一种有声无形的东西，我们根本无法想象出声音的形状。但是自然界中就有一些动物能够"看到"声音，并利用声音来认识这个世界，比如蝙蝠和海豚。

蝙蝠和海豚是天赋很高的"声音艺术家"。蝙蝠在飞行过程中，会不断发出"嘎嘎"的超声波，这种超声波人类并不能听到；海豚则会对着幽深的大海发出"叽叽"声，像生锈的门铰链所发出的声音一样。这些叽叽嘎嘎的声音在空气或者海水里面传播，碰到物体就会被反射回来，蝙蝠和海豚接收到反射回来的声音，就能够判断出自己距离那个物体的远近。这个过程就叫作"回声定位"。海豚和蝙蝠不仅能够利用"回声定位"判断出物体的距离，还能够了解到物体的大小和形状，并以此来避开障碍和捕获食物。有人做过试验，蝙蝠在黑暗中飞行，能够轻易避开和人类头发一样细的障碍物，找到小昆虫一样的食物。

虽然我们无法知道海豚和蝙蝠奇妙的脑袋的构造，但是科学家们依然能够利用科学手段制做出声音的影像，使声音为人类服务。

104

比如，医师们常用超声波来拍摄母亲体内婴儿的照片，这种声波的波长很短，不在人类耳朵所能接收到的声波范围之内。超声波进入母体，碰到胎儿后会反射回来，机器接收到反射回来的声波并把声波转换成影像，这样我们就能够看到胎儿的形状了。同声波一样，光波和电波遇到障碍物也会发生反射，用来拍摄骨头和牙齿的"X光"利用的就是波长很短的光；而雷达则是根据电磁波的性质建造的。

如果你有特异功能，具有海豚和蝙蝠一样的本领，那么你的脑袋里面将会充满了看到和听到的"声音"，这样就算是在伸手不见五指的夜晚，你也能够清楚地知道，前方的路面上有没有需要你多加小心的障碍物。生活也会因此而变得奇妙和有趣。

怎样"看到"自己的声音

我们可以用一些简单的材料自制一个"光线示波器"，用它来显示出声音的振动，也让我们"看到"自己的声音。

我们先找来一个空罐头盒，把罐头盒的两头打通，然后从破气球上剪下一块薄薄的橡皮，绷紧蒙在罐头盒的一头。再找来一些衬衣纽扣大小的碎镜片，小心粘在蒙好的橡皮上，粘的时候要留意，破镜片不能站在橡皮的中心，只要靠边上一点就可以了。粘好以后，我们简单而神奇的"光线示波器"就大功告成了。

看声音的时候，我们要对着太阳站在一堵墙前面，与墙之间的距离控制在3米～4米之间为宜。然后拿起罐头盒，让蒙着橡皮的一端对着墙，让碎镜片反射出来的阳光能够投射到墙壁上。这时你对着空罐头盒就像歌唱家练声一样，拉长声音喊叫。镜片就会随着声音的振动而晃动起来，墙上的光点就会变幻出图形来。这样，你就"看到"自己的声音了。

声音的产生和传播

我们每天都会听到各种各样的声音：早上急促的闹铃声、悦耳的下课铃声、优美的歌声等等，但是你有没有想过声音是怎样产生的呢？

科学家告诉我们，声音是由振动产生的，如果一切都是静止的，就不会产生声音了。比如，大鼓的鼓声是由鼓面的振动所产生的；人能够发出声音则是因为声带振动的关系。你可以把手放在喉咙上，发出"啊"的声音，就会明显地感觉到声带地振动了。

那么振动产生的声音是怎样传到我们的耳朵里的呢？原来物体的振动会产生一种波，我们把这种波叫作"声波"。声波具有能量，可以借助空气和其他的物质向外传播出去。我们不妨以音叉的声音为例：我们敲打音叉后，音叉就会产生振动，振动的音叉来回地碰撞周围的空气，使空气的压力时高时低，空气分子的互相碰撞运动不断向外扩展出去，音叉的声波也随之传播开来了。当我们的耳朵接收到这种声波时，就听到音叉的声音了。

没有光也能看书该多好

你可能有在晚上看书的习惯，而且常常看到半夜仍不忍释卷。每当这个时候爸爸妈妈就会不合时宜地出现，强制性地把灯熄掉。书里面的故事情节仍然在你的脑海里不停地浮现，后面的情节总是不停地在诱惑着你。但是，你又怎么敢再打开台灯呢？于是只能一次次满怀憧憬地想："没有光也能看书该多好！"

没有光不仅看不到书里面的小字，甚至连近在眼前的桌子、椅子都看不到，所谓"伸手不见五指"就是这种情况，这些都是最基本的常识。我们也都有过这样的经历，那么为什么光对于我们的视觉有这么重要的作用呢？我们的眼睛到底是怎样看到东西的呢？简单来说，形形色色的物体，有的自己发光，大多数则是反射别的物体的光，它们发射或者反射的光通过我们的瞳孔，进入眼睛，穿过晶状体，在视网膜上形成这些物体的像。视网膜通过视神经把这一物象的信号报告给大脑，于是我们就看到物体了。所以，在漆黑的夜里，物体没有办法反射光线，视网膜自然也没有办法形成物体的形状，所以我们就看不到东西了。

看到这里，你可能对自己的向往已经不抱多大希望了。其实，你完全不必灰心丧气，因为科学家早已制造出了红外夜视仪，利用这一神奇的仪器，你就可以在黑夜里看书，而不用担心被爸爸妈妈发现了。那么这个红外夜视仪是怎样做到这一点的呢？红外夜视仪先用红外灯照射目标，然后通过红外变像管把物体所反射回来的红

光是什么

虽然我们无时无刻都会接触到光、应用到光，但是如果要问光是什么，恐怕很多人无法做出精确地解答。我们都有这样的直观经验，当光投射到镜面等物体上的时候，它就会被反射出去，就像是一些具有弹性的小球一样。因此早期的科学家们相信：光是由一种特殊的粒子——光子所构成的。到了17世纪晚期，又有人提出光其实是一种特殊的波，而不是粒子的集合，因为人们发现光具有衍射现象。但是，如果说光是一种波，那又如何解释光的反射现象呢？

后来，科学家们经过漫长和反复的争论，终于达成了共识：光具有波粒二象性，也就是说光既是一种特殊的波，又是由一个个微小的光子所构成的，但是光作为一种特殊的物质，它的波动性还是占据着主要地位。

为了更好地理解光波，我们可以来看一看大家熟悉的水波。其实所谓的水波，并不是由水所构成的，它是由穿过水的能量所形成的。例如，当我们用手划水的时候，水面上就会出现水波，其实这并不是水四处运动的结果，而是你将自身的能量传递给水，这个能量借助以波的形式在水中传播，此刻水分子仅仅是上下振动，并没有离开它原来的位置。这也就是说，无论什么形式的波，其实都是运动的能量，光波也是如此，不过它稍微复杂一点，它的能量以磁场的形式存在，可以不借助介质在真空中传播。

外线转变成人眼可以感受到的光学像，这样我们就能看到物体了。而且因为红外光是不可见光，所以我们在看书的时候，爸爸妈妈根本不能察觉到。

拥有了红外夜视仪，你在黑夜里看书的梦想就可以实现了。但是，你最好不要频繁使用这一工具，首先熬夜看书本身就是不对的，它势必会影响到你第 2 天的精神状况；另外，用久了这一仪器，对你的眼睛也大大有害。所以，你最好还是听从爸爸妈妈的劝说，早早睡觉，等到合适的时间再继续去读有趣的课外书。

可见光和不可见光

光是一种物质，但实际上它是一种特殊的电磁波，由不同波长的光所组成。我们所能看见的光只不过是波长在 4000 埃～7600 埃之间的光，人类眼睛最敏感的光线则是波长为 5500 埃左右的黄绿光。而低于 4000 埃的紫外光和大于 7600 埃的红外光都是我们无法察觉的不可见光。

把过去的所有时间浓缩成一年会怎样

　　你是否会觉得时间过得太慢呢？即使是一年中四季的更替，也是一个漫长的过程？实际上，一年的时间不过是时间海洋里的一滴水，即使是我们的整个生命也至多是一朵小小的浪花，因为宇宙已经存在 150 亿年了，而地球本身也有 50 亿年的历史了。150 亿年的历史，我们很难想象它的漫长，其间发生的一些事情，我们只能在书本的描述中，有一个似是而非的印象。如果把过去的所有时间都浓缩成一年会怎样？如果这样，也许我们能更为深入地了解 150 亿年到底是多久。

　　如果把过去所有的时间缩短成一年，那么这一年将从一场空前绝后的大爆炸开始，你可以把这场爆炸理解成新年钟声敲响时的鞭炮和烟花，有史以来最为壮观的新年庆典。也可以认为这是作为新生婴儿的宇宙的第一声啼哭。这场大爆炸就是科学家所谓的"宇宙大爆炸"，大约 150 亿年前，在大爆炸的隆隆声中，宇宙的历史开

一年有多长

你知道一年的时间有多久吗？也许你会毫不犹豫地回答：一年 365 天呀。实际上一年并不是正好的 365 天，准确地说是 365 天 5 小时 48 分 46 秒。这才是地球绕太阳旋转一周所用的确切时间。

你知道一年中多出来的 5 个多小时，制造日历的人是怎样处理的吗？原来，这多出来的时间大约是一天的 1/4，于是人们就发明了"闰年"这一特殊的年份。在闰年里，2 月份有 29 天，全年有 366 天，比平常的年份多 1 天。闰年每 4 年轮一次，这样就把一年中多出来的时间给解决掉了。

始了。

宇宙诞生初期，并没有恒星、行星、彗星、星系这些天体，只有粒子和光以极快的速度来回奔窜。后来，粒子们互相碰撞挤压，渐渐形成了较大的群体，于是恒星和星系就产生了。巨大星体的出现，使原本混乱的宇宙变得规范起来。因为引力的作用，星体们的位置相对固定下来，而宇宙仍然在有条不紊的扩展，就像是一个不断充气的气球。

恒星和银河系大约会在这一年的阳春三月产生，而我们所在的太阳系，包括地球和其他几个行星则会在初秋的 9 月份出现。地球上第 1 个生命大约会在 10 月份的时候出生，第一个哺乳类动物要在这一年的最后 1 个月，也就是 12 月份才会出现。人类大约要在 12 月 31 日 23 时 59 分 59 秒才会出现，也就是说在这一年之中，人类的历史最多只有 1 秒钟！而诸如：电灯、汽车、飞机等现代文明的产物则大约在一眨眼的工夫前出现，而在这一年临近结束的刹那间，你才会呱呱坠地！

经历过这样一个高度浓缩的一年，你一定会感到无比"充实"，许多壮美的画面，像快进的录像画面一样，在你的眼前一闪而过。神奇的时间，造就了一切，也必将会毁灭一切。那么现在你还会觉得时间过得很慢吗？在时间的长河中，我们所能拥有的是极其有限的一段，而这也是极其珍贵的。

标准时间的来历

世界上曾经有各种各样的时间，中国有中国的农历，西方人有西方的公历。然而现在，全世界的人们却有了一个公认的时间：一天有24小时，1小时有60分钟，1分钟有60秒钟。我们每天生活在这样的时间里，早已被它所浸染。但是，这个标准时间是从哪里来的呢？

原来，17世纪末期，英国殖民地遍布世界，但是各地的时间并不统一。这一混乱的状况开始危及国家的利益，于是科学家弗莱明就有了统一世界时间的想法。在一次工作过程中，弗莱明在丈量土地的时候，突然意识到测定时间的基本原理是均分，而且还需要一个标准点。弗莱明所选择的标准点是英国的格林尼治，并把格林尼治所处在的经线定为零度经线。这一做法最终被大多数人们所接受，于是世界上便有了统一的时间标准。

标准时间的出现大大推动了全球化的步伐，对人类社会的发展起到了非常重要的作用。有科学家评论道：弗莱明的工作使整个人类有了一种确定性。

时间倒转会怎样

我们都看过历史故事书，常常为书中的情节所感染，恨不能亲临其境，用自己的力量去改变历史。但是，我们都知道回到过去是很困难的事情，即使是回到几分钟以前，人类也不可能做到，这也就是人们为什么说"世上没有后悔药"的原因。但是，如果真能回到过去，你想去干什么呢？

如果真的回到了过去，你可能最想看到小时候的自己，你会帮助自己在每次考试中都拿到第一名，你会千方百计地使自己尽量少犯错误，步入你以为正确的轨道上来。但是，也许小时候的你并不领现在的你的情，他或许会认为你是个大骗子。你完全不必为这种情况感到惊讶，试想如果有一个年长的人走过来对你说，他是未来的你，你有什么反应呢？大概你也会让他马上离开，否则就拨打110吧！

如果能够到达你想回到的任何时间，你一定会想去见识一下许多历史人物的风采。比如秦始皇、诸葛亮、岳飞等等。你或许会想认认真真地听睿智的孔子讲一节课，想和聪明的司马光小朋友成为要好的伙伴。

当然，我们都知道这些美好的愿望很难实现，因为如果回到了过去，你或许想改变些什么，以作为自己此次奇妙旅行的纪念。但是，我们知道历史的发展是有密切联系的，如果你改变了一些东西，今天的社会可能会变成另外一种情况。从小的方面来说，如果调皮的你通过一个恶作剧，使你年轻时的父母无法相见，那么你就不会出生，世界上就不会出现你这个人，那么这个根本不存在的人又怎么会回

寻找宇宙黑洞

如果想回到过去，你或者应该去寻找宇宙黑洞。科学家认为有些黑洞可能是穿越时间和空间的奇异通道的入口，人们把它称之为条虫状气孔也叫虫洞。宇宙飞船沿着条虫状气孔飞行，可能会从另一个时间和空间出来。而那也许就是你想要去的时间。

黑洞是外太空的一个区域，这里的引力非常强，任何物质都别想从它身边溜过，就算是光也一样。那么这个神秘的区域是怎么来的呢？科学家们认为一个巨大的恒星走到生命尽头后，可能会发生大爆炸，然后形成黑洞。恒星表面的物质被大爆炸猛烈地抛到太空中去，而极度收缩的没有任何光和热的内核却保留了下来。这个小小的内核极度的紧密，引力惊人，即使只有一个蝌蚪那样大小，也足以把一座大山吸引过来。人们认为在宇宙的中心存在一个浩大的黑洞，它包容着千万颗恒星。

黑洞是看不见的，人们只能通过和它相邻物质的作用来追寻它的踪迹。黑洞把一些星球表面的物质吸走，就像一个大型的吸尘器一样。然后把这些杂物倒进一个漩涡，在这些杂物消失之前，它们会围绕着黑洞高速地运转，这种情形就像是一个抽水马桶正在冲下废物。如果你要寻找黑洞的位置，那些杂物无疑是最好的引路者。

到过去呢？这些矛盾的问题使大多数人认为人类回到过去是不可能实现的梦想。

使人们坚信不可能回到过去的还有一个重要的原因，那就是我们从来没有发现过来自未来的时间观光客，如果未来的科学家发现了回到过去的途径，那么我们的身边应该会有来自未来的时间游客呀，但是迄今为止没有任何人找到了有关未来人类的蛛丝马迹。

基于以上的原因，大多数人都认为回到过去只不过是无稽之谈。但是有一些科学家却对此抱有希望。我们已经知道宇宙中隐藏着许多黑洞，有科学家相信有些黑洞就是时间旅行的入口，这种黑洞被称为虫洞。一般认为虫洞的两端连接着两个不同的时间和地点，如果你跌进虫洞而安然无恙的话，也许你能够从某一时间和地点出来，而那也许就是过去！当然这个虫洞是否存在，至今还没有令人信服的答案。

我想到未来时空去旅行

　　到未来去旅行，这似乎是只有在科幻电影里才会出现的事情。想象一下你自己钻进一个奇怪的机器里面，简单按几下按钮，就可以随着机器达到指定的时间。打开机舱你会看到未来世界的情形，满街的爬行的东西是你所没有见过的交通工具，打扮得怪模怪样的人在你身旁走来走去……

　　其实去未来旅行并不是遥不可及的，或许有个方法可以让你一偿夙愿！现在科学家已经知道用比家用冰箱还要冷很多的冰柜来冷冻动物，这些动物在超低温的环境下，似乎睡着了，身体上的所有功能都停止了活动。时间对于它们来说仿佛凝固了，但是它们并没有死去，身体也不会老化。如果在未来的某一天苏醒过来，它们在未来世界的旅行也就开始了！也许等到科学家的研究更加成熟的时候，人类就能够利用这个方法到达未来世界。但是现在还不行，因为科学家还没有找到让冰冻的身体活过来的方法。

　　还有一个去未来旅行的方法，就是乘坐太空飞船以接近光速的速度在太空中飞行。爱因斯坦告诉我们，物体在以接近光速的速度

116

前进的时候，时间就会慢下来。也就是说你坐在高速行驶的太空飞船中，实际上是生活在移动缓慢的时间里。当然，坐在飞船中的你并不会感觉到时间的偷懒，这一切只有能重新回到地球后才会深切体会到。

传说中的时空来客

1990年9月9日，一架老式机型的客机飞临南美委内瑞拉的一个机场，令人感到奇怪的不是这种机型的飞机早已淘汰了，而是地面上的雷达根本探测不到这架飞机。

飞机着陆以后，机场的警务人员立即包围了它，衣着老式的乘客走下飞机后，一脸茫然，问道："发生什么事了，我们有什么问题？"经过交流，人们听到了一个类似于天方夜谭的故事，原来这架飞机是1955年7月2日从美国纽约起飞的，距当时已有35年的时间。工作人员立即与美国方面联系，得知35年以前，美国确实有一班飞机神秘失踪了，当时人们认为这架飞机是坠入大海了。

这些来自过去的乘客回到了家里，家里的一切让他们大惊失色，亲人和孩子们已经老了，而自己还是那么年轻。美国警方和科学家们对这些人进行了一次细致的检查，最终不得不承认这个离奇的事情是确凿的事实！

当然，绝大多数人认为，这只是人们的一次恶作剧。也有科学家认为世界上存在神秘的"时空隧道"。这个隧道是看不见摸不到的，它通常情况下是关闭的，只是偶尔打开一次，如果谁有运气进入了时空隧道，那么他就有可能到未来或者过去旅行。但是，遗憾的是，旅客通常没有返程票，除非你的运气足够好，再次进入时空隧道，否则你永远不能回到现在的生活。

也许当你从太空飞船中走下来的时候，自己手上的时钟才刚刚过去了一个星期。但地球上已经经历了数十万年的历史！那时候你才会知道什么是真正的沧海桑田，周围的一切都变得陌生，找不到一丝一毫曾经生活过的线索，如果有那么一星半点曾见过的东西，也都已经成为博物馆里面珍贵的藏品。周围的朋友也都已经不在了，除了和你结伴而行的副驾驶！

怎么样，是不是有点旷世的味道，也许你已经迷上了这个旅行，要打点行装准备出发了。但是遗憾的是你现在还不能做这样的计划，因为要制造出速度接近光速的宇宙飞船，科学家们甚至还没有认真考虑过这个问题。至于什么时候才能开始未来时空之旅，这也许只有未来人才知道。

伟大的人类智慧
——科学技术

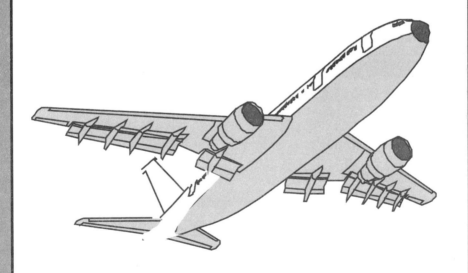

没有电的生活会怎样

如果没有电，室内室外的所用灯都不会亮起来，整个世界将变得黑咕隆咚；如果没有电，电脑、电视机、音响也不可能打开，周围会比现在寂寥得多；如果没有了电，网上冲浪将成为泡影，欣赏电影将会成为不可能实现的梦想，生活将失去许多乐趣；如果没有了电，淋浴器不会自动喷出水来，空调不能制冷，抽油烟机也不能工作，你会发现生活变得艰难起来；如果没有了电，整个世界将会陷入瘫痪！

可以说，电是现代社会最不可或缺的东西之一。电有这么大的作用，它是从哪里来的呢？

我们经常使用的电，是用发电机制造出来的。发电机就是将其他形式的能源转化成电能的机械设备。它通常用水轮机、柴油机、汽轮机或者其他的什么动力机械来驱动，将水流、气流、燃料燃烧或者原子裂变所产生的能量转化为机械能传输到发电机内，发电机再将这些能量转化成电能。发电机产生的电通过具有导电性能的电线传输到千家万户，于是我们在家里面就能方便地用上电了。

电流、电压和电阻是我们经常听到的关于电的名词，它们到底是什么意思呢？我们都知道水能够在水管中流动，我们管它叫作水流。同样的道理，电荷在电路中移动，我们就称它为电流。电流分为直流和交流两种，电流的方向和大小不随时间的转移而发生变化的叫作直流，反之，电流的方向和大小随着时间而发生变化的叫作交流。电流一般用符号"I"来表示，表示电流强度的单位是安培，简称安，用符号"A"来表示。我们知道水之所以能够流动是因为有水位差，同样，电荷之所以能够流动是因为有电位差，电位差也

导 体

1720年，英国人格雷在研究电的现象的时候，发现电荷可以在金属丝之间传递转移，但是在玻璃、木塞、丝线上却看不到转移的现象，由此他首先提出了绝缘体和导体的概念。

随着人们对电的研究逐渐深入，导体在电学中的作用也越来越重要。在研究中，人们发现不同物质的导电性能是不同的。同样是导体，人体的导电性能不如金属；同样是金属，金、银、汞的导电性能明显要强于其他金属。根据这一发现，人们把世界上的物质分为：导体、半导体、绝缘体3大类。

物质导电性能的好坏取决于其内部的原子结构。内部原子核对外层电子的束缚能力越弱，电子就越容易挣脱原子，物质的导电性能也就越强。挣脱原子核束缚的电子叫作自由电子，自由电子的存在就是导体能够传递电流的根本原因。在电场的作用下，电子做定向移动，在移动的过程中，失去电子的原子即正离子阻碍电子的移动，这种阻力就是电阻。电阻越小，说明物体的导电性能越强。

电阻被发现以后，人们开始根据电阻率的大小来划分导体、半导体和绝缘体，人们对导体的认识更加全面和科学了。

就是电压，电压是产生电流的原因。电压用符号"U"来表示，表示电压高低的单位是伏特，简称伏，用符号"V"来表示。高压电可以用千伏表示，低压电可以用毫伏来表示。水在水管里流动并不是畅通无阻的，电在电路中流动也是这样，电荷所遇到的阻力就是电阻，用符号"R"来表示，表示电阻大小的单位是欧姆，简称欧，用符号"Ω"表示。

电是我们日常生活中必不可少的能源，但是与火一样，电也有它可怕的一面，由电所引发的灾难常常发生。因此，我们在用电的同时，也要注意摸清它的规律，积极防范，这样用电才会更加安全。

发电机的发明

人们很早就发现了磁现象和电现象，但是长期以来人们都把磁和电看作是互不相干的两件事，而英国科学家通过大量的实验成功揭示了磁和电之间的紧密联系，并由此制造出了人类历史上第一台发电机。

1831年，法拉第做了一个试验，他在环形闭合的线圈内串联了一个电流表。然后把磁铁反复放入和抽出线圈，他发现每一次磁铁的放入和抽出都会引起电流表指针的摆动，反复做了几个类似的实验，法拉第终于明白了，导体切割磁力线就能产生电流。在此基础上，法拉第发明了电动机，人类社会由此进入电气化的时代。

扫码获取更多资源

所有东西的颜色都一样会怎样

　　如果所有的东西都变成了一种颜色，你一定会觉得这个世界单调极了。彩电不应该再称之为彩电了，因为它只能显示出一种颜色；自己那些五颜六色的衣服，也都变得大同小异了；生机盎然的春天，没有了绿的草、红的花、蓝蓝的天。整个世界变得无聊、乏味，我想对于这种情况，你可能会很难适应。

　　其实，比你更难适应的是自然界的生物。因为没有丰富多样的颜色，大自然都会失去秩序，许多依靠颜色来吸引异性、寻找食物、赶走敌人的动植物会发现自己以往出神入化的本领，突然没有了功效。要做到和以前一样的事情，它们不得不寻找另一种办法。而办法当然不会轻易找到，现实的困难可能会让它们付出沉重的代价。

　　如果出现了这种情况，也许太阳是罪魁祸首。因为决定这个世界五颜六色的最重要因素就是太阳的光线，我们知道太阳光是由红、橙、黄、绿、蓝、靛、紫7种颜色混合而成的，光以波状移动，每

种颜色光的波长都不一样。物体的颜色看起来各不相同，就是因为它们反射出来的光线和光量是不相同的。譬如，蓝色的物体主要反射出蓝色的光，绿色的物体主要反射出绿色的光。白色的物体能够反射出各种颜色的光，而且反射的光量也很多；灰色的物体也能够反射出各种颜色的光，但反射的光量较少；而黑色的物体不擅长于反射任何一种颜色的光。

所以，如果太阳光只以一种颜色的光照到地球上，比如说是红色，那么原本是红色的物体反射出来的红光就会强一些，原来

色 盲

色盲就是人缺乏或者完全没有分辨色彩的能力，一般情况下的色盲指的是红绿色盲。那么色盲是怎样产生的呢？原来，在我们的视网膜上有一种叫作锥细胞的感光细胞，它有红、黄、蓝3种感光色素。每一种感光色素主要能够感受到一种原色光，而对其他2种原色光并不敏感。如果人缺少这3种感光色素中的一种，就会对相应的颜色产生感觉障碍，于是就出现了色盲或者色弱。

色盲又可以分为单色盲和全色盲两种类型。其中，单色盲是指仅对一种原色光有感觉障碍，如对红色有感觉障碍的称作红色盲，又叫第一色盲，这种色盲比较多见；绿色盲又叫第二色盲，出现的概率比第一色盲少些；蓝色盲又叫第三色盲，比较少见。对两种原色光有感觉障碍的人，就叫作全色盲，不过全色盲非常罕见。

色盲多数是先天性遗传所致，也有少数由后天视觉传导故障导致。统计发现，男性的色盲患病率为5%，女性的色盲患病率仅为1%。有色盲者，不宜从事美术、化学、医药、交通运输等行业，否则不仅会影响到工作质量，还有可能造成重大的损失和事故。

是其他颜色的物体反射出来的红光就弱一些，整个世界就会显现出深浅不同的红色。你可能会担心，太阳光会不会变成一种颜色呢？其实，我们完全不必担心，至少在可预见的将来，还不可能出现这种情况。

如何混合颜色

　　如果白光是由7种颜色组成的，那么它应该不仅能分解出7种颜色，反过来7种颜色也应该能够混合成白色或者是灰色，因为如正文所说，灰色也是各种颜色的混合，只不过光量较少罢了。

　　为了证明这一问题，除了用三棱镜来做实验以外，我们还可以用其他许多有趣的方法来证明。比如，我们可以在一块矩形的白纸板上画一个直径为5厘米的圆，然后用铅笔把这个圆分成6等分，再用颜料在这6个等份里分别涂上红、橙、黄、绿、蓝、紫等6色。拿来一支圆规，针尖在圆心上扎一个洞，然后以圆规的这支针脚为轴，快速转动纸板。我们就会发现各种颜色融合在一起，变成灰灰的颜色了。

没有火会怎样

古希腊神话中有普罗米修斯盗天火拯救人间的故事，事实上科学家们也相信，火在人类智能和体能的发展中起着极其重要的作用。

在几百万年以前，人类过着极其简单的原始生活，靠打猎为生，吃的是生肉和野果。直到距今约 50 万年前，人类才开始使用火。有

水为什么能灭火

火有时候扮演着暴君的角色，还好，它并不是天下无敌，我们还可以用水来扑灭它。那么，看起来柔柔弱弱的水是怎样降伏强悍的火的呢？

我们知道物体燃烧就会产生火苗，但是燃烧必须达到一定的温度，而且还需要充足的氧气。一旦失去了温度和氧气这两个条件，火也就熄灭了。当水浇到燃烧的物体上时，水就会遇热蒸发，水的蒸发需要从周围吸收大量的热，从而使燃烧的东西降温；另外，水扑在燃烧的物体上，还会把燃烧的物体和外界的氧气隔离开来，得不到氧气地支持，火自然也就熄灭了。

火苗为什么是红色的

火苗的颜色和燃烧时的温度高低有关，一旦温度很高时，火焰就会呈现出白色或者蓝色。而红色的火焰属于温度比较的低一种，一般都在1000℃以下。

我们观察一下夜空中星星的颜色，有的星星是蓝白色的，有的则是红色的。人们认为红色的星星是温度比较低的。

我们平常所见到的火焰颜色多是红色的，这就是因为这些物体都是在自然条件下燃烧，温度并不是很高。

了火，原始人类告别了茹毛饮血的时代，吃上了熟食。人类增强了体质，智力得到了发展，生存能力也得到了大大提高。后来，聪明的原始人又学会了摩擦生火和钻木取火，这样火就可以随身携带了。人类也由火种的守护者，变成了能够驾驭火的造火者。于是人类利用火来制造工具和创造财富，慢慢摸索出了冶金、酿造、制陶等工艺技术，人类的生活也由此进入了一个广阔的天地。所以，如果没有了火，人类或许还停留在野兽的行列之中；没有了火，人类的文明就无从发展。

即使在现实生活中，人类依然摆脱不了对火的依赖。虽然在某些方面我们可以用电或者其他的方式来代替火，比如我们可以用电器来做饭、照明，用暖气来取暖。火似乎从我们的生活中远去了，但是往深处想，电是哪里来的呢？暖气是怎样产生的呢？这都或多或少与火有关。再如我们生活所用的瓷器，是用火烧制出来的；我们所接触到的金属，是用火锻造出来的……几乎我们所经历的东西都与火有关，离开了火我们仍然无法生存。

火这么重要，那么火到底是什么东西呢？这个问题曾在很长一段时间内困扰着人类的先哲们。最初，古人把火看作是构成世界的一种重要物质，比如古印度人认为世界由地、水、风、火4种物质组成；古希腊的亚里士多德则提出水、土、火、气四元素说；我国也由五行的说法。后来到了16世纪的时候，一些炼金术家认为燃烧是因为物质中含有硫，17世纪又有人抛出了燃素说。这些说法显然都是不准确的，直到1777年法国科学家拉瓦锡发现了氧气，才最终解开了火的秘密。他认为物质在燃烧的时候所发出的光和热就是火，而有氧的存在，物质才能燃烧。

认识了火的重要性，也明白了火是什么东西，我们应该庆幸这个世界上有火的存在。但是，我们都知道，火并不是一直都扮演着好的角色，每当发生火灾的时候，我们也能够看到它狰狞的一面。所以，我们在尊敬火的同时，也要小心提防着它。

火柴为什么一划就着

火柴一划就着是因为火柴盒的侧面和火柴头都是由特殊的化学材料做成的，火柴盒的侧面涂有红磷，而火柴头里面则含有二氧化二锑和氯酸钾等。平时这些化学材料埋伏在各自阵地按兵不动，稍一接触就会冒出火花。

当你把火柴头在红磷面划的时候，被摩擦的红磷首先起火，接着火星又引着了二氧化二锑，然后氯酸钾受热也赶紧释放出氧气，支持它们的燃烧，于是火柴就点着了。火柴杆是用松木或者白杨木做的，前端又涂上了石蜡和松香。这样火柴头燃烧后，火焰就很容易燃烧到火柴杆上去。

火柴一划就着的关键就在于红磷的着火点比较低，只要稍微有一点热量就会燃烧，接着就能引起一系列的燃烧。可见，小小的火柴杆燃烧还包含着丰富的知识呢！

汽车不加油也能跑该多好

如果汽车不用加油也能跑，那么汽油的价格一定会大幅度降下来，以至于汽油公司和加油站不得不关门大吉了。如果汽车不用加油也能跑，那么我们再也不用担心汽车会在荒山野岭上突然没油了。如果汽车不用加油也能跑，我们可以开着汽车到任何地方去！

遗憾的是，现在大部分的汽车还是离不开汽油等燃料的，这些燃料燃烧时借助汽车引擎内的小爆炸，释放出能量，从而让引擎转动起来，引擎的转动又带动了轮胎，使整个汽车跑动起来。汽车需要燃料的燃烧来提供动力，这不仅使汽车的行驶依赖于燃料，更可怕的是，它会在行驶过程中从后面的排气管中排放出污染空气的化学物质。而今汽车尾气已经成为环境日益恶化的罪魁之一。

针对这一问题，人们已经开始进行相关的研究，希望能够利用其他能源来代替汽油等燃料。也许有一天大部分的汽车会依靠电力来行驶。电动车是用大电池来供电，电池里面的化学物质能够储存能量，当这些化学物质发生反应的时候，就会释放出电力，为汽车的前进提供动力，因此不会产生污染。但是电池同样能够耗尽，电

动车的电池需要每天晚上摘下来接上电源，重新充电。然而，电源里的电来自于发电厂，它同样不是免费的，而且电厂发电也会造成污染。因为电厂在发电过程中，可能会使用煤炭等物质作为原料。所以，虽然电动车没有直接造成污染，但也间接上助长了发电厂所造成的污染。

也许真正环保的汽车是太阳能汽车。这种车车顶装有太阳能板，

人类怎样利用太阳能

太阳表面的温度高达 6000℃，内部不断地进行着剧烈的物理和化学反应，并以辐射的方式向广袤的宇宙空间散发着巨大的能量。据估计，太阳每 3 天向地球辐射的能量，就相当于地球上所有矿物燃料所具有的能量之和。严格来说，人们现在所有利用的能源除核能、潮汐能、地热能以外都是由太阳能转化过来的。但是，人们通常所说的利用太阳能，指的是直接利用太阳辐射到地球的能量。

现在人们一般通过把太阳能转化为热能、电能和化学能来加以利用。至于具体的设备，人们最常接触到的是太阳能热水器和太阳能电池。太阳能热水器是一种利用太阳能来加热水的装置；太阳能电池则是一种把太阳能直接转变成电能的器件，它具有适应性强、寿命长、重量轻等优点，现在已经被广泛应用于人造卫星、宇宙飞船和空间站等航天器上。在地处偏僻没有大电网进驻的地区，太阳能电池也可以缓解那里的能源危机。

现在来看，太阳能电池的造价还太高，无法普遍使用。但是，随着光电转化技术的日益成熟，相信太阳能电池将成为人类利用太阳能的最主要方式。试想一下，如果在广袤的沙漠中铺上大片的太阳能电池板，那将会给人来带来数量多么巨大的清洁能源呀！

能量的转化

任何物体的活动都需要能量。我们人类的每一个动作也都需要能量，而这些能量的来源就是你所吃的饭。汽车和各种机器想要维持正常的运转也需要能量的供应。

能量有许多形式，如光、电、化学、热能等等，这些能量无法创造也无法破灭，它只能从一种形式转化成另一种形式。比如，火电厂发电，它并没有创造出电能，也没有毁灭掉煤炭的能量，它只不过是把煤炭中的能量转化为了电能。汽车要行驶，必须依靠外在能量的供给，但是对于能量的形式没有必然的要求，只要是能量就行。

这些无法创造的能量到底来自哪里呢？答案是无私的太阳。包括动物和植物在内的所有生物体内都储存着来自太阳的能量。这些生物死亡以后，能量并没有随之而消失，而是经过漫长的变化形成新的能源。比如煤炭、石油、天然气等能源都是这样形成的。但是自然界中的这种能量的转化，常常需要经历数百万年的时间，一旦用完了，新的能源要在几百万年以后才会出现。

能够把太阳能直接转化为电能，供汽车使用。太阳光是免费的，而且也不会造成任何污染。唯一的不足就是太阳能汽车的制造成本太高，而且不能开得很快，遇上阴雨的天气，可能会因为没有能量来源而寸步难行。但是，我想这些问题科学家们会很好地克服的，我们期望在不久的将来能有更多的太阳能汽车奔跑在世界各地。

能不能有一种海陆空都 能用的交通工具

　　很久以前，人们就梦想能有一种海陆空都能用的交通工具。它犹如具有了鸟的双翼、兽的双足和鱼的鳍，既可以飞翔，又可以行走，还可以游水。在狭窄的胡同里，它的双足可以像自行车的两个轮子一样行走；在高速公路上和宽阔的海洋上，它可以开足马力像火箭一样向前飞驰。当交通堵塞的时候，它能立即展翅高飞，你不用担心它和天空上的飞机"不期而遇"，它的飞行高度完全可以控制在几米至几十米之间，和飞机根本不在一个层面上，因此它飞升的时候，地面上的一切都清晰可见，无须导航系统的引导，起飞和降落完全随心所欲。更令人感到兴奋的是，具备这样齐全的功能，它并不显得笨重，相反比现在所有的机动交通工具更加轻便、快捷、安全和可靠。

　　有了这种交通工具，人类的交通图景将变得更加壮观。立体的空间将会被利用的更加充分；因为它的出现，人与人之间变得更加

紧密。即使在最偏僻的山区，人们也不会感觉到与世隔绝。如果你住在几十层以上的高楼顶部，就再也不用忍受上下楼的麻烦了，新型的交通工具就停泊在你的窗外,你随时可以从百余米的高空出发,

神奇的卫星导航系统

你梦想中的超级交通工具怎么能少了卫星导航系统呢? 有了卫星导航系统，你就可以聘请人造地球卫星作为你的导游，它可以把你准确无误地领到目的地。现在你可能还不清楚这位"导游"为什么有这么大的本领，那么就让我们一起来了解它吧!

1957 年，苏联发射了人类历史上第 1 颗人造地球卫星。之后各种用途的人造地球卫星不断地被发射升空。航天新技术的发展，也使目光远大的人们把目光投向了深邃的太空，卫星导航的新思路随之产生。于是，一些特制的人造卫星在绕地球旋转的同时，不断地发出信号，这种信号无论是在地球上的什么地方、什么天气环境下，都能够由一个简单的接收装置接收到。一般来说，如果你想定位地球上任何一点，首先要找到与该点相对应的地球上空的 3 颗卫星，最好是 4 颗。因为卫星在特定时间发射出信号，信号以光速传播，你接收到信号后，经过计算机简单的计算，就可以知道自己距离这颗卫星的距离。由于地球是圆形的，你只有收到 3 颗不同地球卫星的信号，才能够知道自己的具体位置。根据这一原理，你再给卫星配上详尽的地图，那么卫星就可以告诉你，怎样到达目的地了。

卫星导航系统的利用是非常广泛的，不仅交通工具可以利用它来定位、导航，联合收割机也可以利用它测算出每一米的收成情况，以确定下一年的施肥分布量；土地平整机装上了它，可以把地形测量数据精确到厘米；修路工程师也可以利用它，直接检测公路的定线并及时修正等等。

去任何你想去的地方。这就是我们梦想的交通工具，虽然现在我们还只能在电影银幕上看到它潇洒的身影。但是，随着科学技术的突飞猛进，我们有理由相信，只要耐心地等待，它不久就会来到我们的身边。

掌握了奇妙的科学技术，什么也不能阻止人类梦想的实现。关于三栖的交通工具，我们已经听到了好消息。俄罗斯鄂木斯克的科学家们已经研制出了一款三栖交通工具，不久将投入使用。这种交通工具外形与汽车有几分相似，它有 4 个轮子和 150 千瓦～185 千瓦（约 200 马力～250 马力）的标准汽车发动机。它身长 5 米，有折叠式的翅膀、尾翼和螺旋桨，可乘坐 2 个～4 个人。它使用起来非常方便，能在土路上以 150 千米的速度起飞，起跑长度只需 180 米～200 米，而且能够在水面上起飞和降落；它的最大载重量为 1 300 千克，飞行和行驶的最高时速都是 270 千米，飞行高度为 3 000 米，飞行距离可达 1 500 千米；它的内部设施相当完备，乘坐舒适而安全。据悉，这一新型的交通工具将在地形复杂、交通不便的地方派上大用场。

也许俄罗斯科学家的研究成果还不能让你感到满意，但是梦想已经开始慢慢变成现实了，不是吗？相信科学家的力量，但是你也不能坐享其成呀，在最先进的三栖交通工具的诞生过程中，你是否已经做好贡献自己聪明才智的准备了呢？

火车要和火箭一样快
该多好

　　自从 1825 年英国建成世界上第 1 条铁路，火车便在人们的生活中扮演了重要的角色。近两个世纪以来，为了适应人们生活节奏的日益加快，火车也开始进入"高速铁路时代"。近来，法国的高速列车更是创造了 574.8 千米／小时的火车速度纪录，这一速度大约是一般客车速度的 4 倍。换句话说，如果我们所乘坐的火车能够有这样的速度，那么我们整个旅程所用的时间将节省 3/4。对于这一数字，你可能不屑一顾，认为火车的速度根本不值一提，如果火车的速度能够达到火箭的速度那才叫快呢！那么，火车能和火箭一样快吗？

　　火箭是一种自身既带有燃料，又带有助燃用的氧化剂，用火箭发动机作动力装置，可以在大气层内飞行，也可以穿越大气层在太空中飞行的飞行器。火箭除了军事用途之外，大多用于航天事业。人造地球卫星一般都是乘坐火箭进入太空的，所以航天火箭的速度

高速铁路

　　世界上第 1 条高速铁路是花了 5 年时间建成的，它就是 1964 年 10 月 1 日通车的日本东海道新干线。当时这条铁路的运行速度是 210 千米／小时，比以往特快列车的速度快了 1 倍多。后来，它的运行速度又提高到了 270 千米／小时。后来，这条铁路又发展了几条支线，构成了一个高速铁路干线网，平均每天运送旅客 75 万人次，大大节省了日本国民的时间，创造了良好的经济效益。

　　1995 年启用的日本东京到新潟的高速铁路新干线，设计时速达到了 350 千米／小时，是世界上最快的铁路之一。据报道，日本还将在国内修建 5 条高速铁路，届时日本列岛将会形成一个高速铁路网。这无疑会为日本带来更为巨大的经济效益。

　　继日本之后，西方发达国家也开始重视修建高速铁路。法国在 1967 年开始提高铁路的运行速度，1980 年全国时速超过 200 千米的高速铁路已达 900 千米。之后法国高速铁路的建设进入高潮期，预计到 2015 年，法国将会形成联系全国的高速铁路网络，总长约为 4000 千米。除此之外，英国、德国、美国、比利时等国的高速铁路建设也比较发达。

　　西方各国为什么竞相建设高速铁路呢？因为传统的铁路运输已经不能满足时代发展的需要，而高速公路常常出现堵塞现象，飞机的运输能力毕竟有限。高速铁路的优势在于，它舒适、节能、安全、省时，对环境的污染也相对较轻。单从经济效益方面来考虑，高速铁路的单向输送能力是公路的 5 倍，是空运的 10 倍；而运行成本却只是空运的 1/5，高速公路的 2/5，难怪它受到各国的青睐了。

　　而在我国，960 万平方千米的辽阔土地上，几乎没有高速铁路。为此国家有关部门已经进行了高速铁路网络的规划，或许未来的若干年，我国将进入高速铁路建设的高潮时期。

应高于第一宇宙速度，即超过 7.9 千米／秒。就以航天火箭的最低速度来说，7.9 千米／秒相当于 28 440 千米／小时，这是火车速度纪录的 70 余倍！当然，随着科学技术的不断发展，火车的速度一定会进一步提高，火车和火箭之间的速度差异也会逐渐缩小。但是毫无疑问火车的速度永远也赶不上航天火箭的速度。

这是因为，航天火箭之所以具有这样快的速度，是为了突破地球的引力。如果火车也达到了火箭的速度，我想这列火车的乘客大概是太空观光客，因为这列火车的速度已足以使它突破地球的引力，行驶到太空中去了。但是，这列火车同样是一列"死亡列车"！列车员有责任提醒乘客做好"牺牲"的准备，因为所有火车都是贴着地面行驶的。当这列火车因速度过快贴着地面飞行起来的时候，不可避免地要撞倒高山或者高大的建筑物上，车毁人亡是必然的结果。因此，就算是科学家研制成功了像火箭一样快的火车，也一定没有人愿意去乘坐。所以我们说，像火箭一样快的火车根本不可能出现。

我想在空中盖房子

在空中盖房子，很多人都有这种梦想。白云和鸟儿环绕在空中房屋的周围，彩霞就在自己的脚下，万里河山尽收眼底。传说中只有神仙才能住在天上，如果你能够在空中盖房子，那么你也能过着神仙般的生活。

如果你立志在空中建房子，那么你的建筑材料一定要足够轻，甚至比羽毛还要轻。因为你的建筑材料要能够在空气中飘浮才行。所以，石块、砖头这些建筑材料你就不要再考虑了。但是，遗憾的是，现在世界上还没有这样轻的建筑材料。也许你要说，没有这种材料，我就在房屋的周围都绑上热气球，让热气球拖着房屋在空中飘荡。这看起来像是一个好主意，但是为了让热气球一天 24 小时不停地运转，所要消耗的能源恐怕是你所难以承受的。

如果上天被你愚公移山一样的精神所感动，帮助你建好了一座能够漂浮在空中的房子，我想你住在上面也不会感到很方便，因为你首先要找个绳子把自己的房屋固定在地面上，否则你一觉醒来或许会发现自己的房屋已经被挂在珠穆朗玛峰的山尖上，动弹不得了。

宇宙中的房子——空间站

　　如果你所说的空中指的是太空，那么你想在空中建房子的梦想就并不是一个幻想，而且科学家们已经帮助你实现了这个愿望。太空中已经漂浮着不止一个叫作空间站的"房子"了。现在，让我们先来看看它的样子，不知道它是不是让你满意。

　　空间站实际上是一个大型的、能够供人居住的、在太空中长期运行的人造卫星。它的主要功能是：接来送往宇航员和各种物资；作为宇航员维护其他航天器的基地；也可以作为发射平台，把其他人造天体送入太空；同时也可以作为一座实验室，供宇航员在此进行科学实验；还可以和其他和航天器在太空中进行对接，组成更大的"房子"，从而为宇航员提供更好的居住和工作环境。

　　人类历史上第1个空间站，是苏联于1971年发射的"礼炮"1号。1973年美国也发射了天空实验室空间站。现在太空中最大、最繁忙的空间站要算是"国际空间站"了。国际空间站由俄罗斯、美国、欧洲航空局等11个成员国以及日本、加拿大、巴西等16个国家共同组建和运行，它的总体设计以桁架为基本结构，其他各种设施挂靠在桁架上，主体由多个服务舱、实验舱、生命保障舱等组成。现在，国际空间站仍在不断地装配，预计装配完成后，它的长度将达110米，宽88米，总质量约400吨，它将成为有史以来规模最大的人造天宫，可供6～7名宇航员在其中工作。

　　可以想象，你的房间里面即使是在炎热的夏天也不会感觉到有多温暖，因为高处不胜寒。更糟糕的是，你的房间里应该不会有暖气，这样一年四季你都不得不拥着厚厚的棉被，哆哆嗦嗦地入睡；如果没有氧气瓶的帮助，你应该会感觉到呼吸困难，因为高空中空气稀薄，氧气含量大大低于你所习惯的地面上；在空中的房子里面住得久了，

你可能会出现厌食的情况，因为即使是上帝也无法满足你在房间里做饭的请求，房间太虚弱了！况且，空中的低气压甚至不会让你把水烧开。所以，你只能用缺乏营养的方便食品来维持生命；另外，最让人难以忍受的是无边无际的寂寞，你甚至不能收看电视，更不用说玩电脑了，因为你很难把电线连接到你的新居里面。除了身边偶尔呼啸而过的飞机，你甚至不能看到人的踪影，因为没有人有你这样的"运气"。

所以，不要说不能在空中建成房子，就算建成了也并不是一个好去处，神仙一样的生活并不是一般人所能消受得了的。其实，我们的天堂就是脚下的大地。

一眼能看到人的骨头
该多好

如果想一眼看到别人的骨头，你的眼睛里就需要安装光发射器，因为只有 X 光才能穿透人体。其实，X 光不仅能穿透人的身体，还能穿透纸张、木材等密度较小的物体，这也就有意味着，如果你的眼睛里能够发出 X 光，你不用打开柜子就可以看到柜子里面有什么东西。如果你拥有了这样一双神奇的眼睛，你就能把这个纷纷扰扰的世界，看得更加清楚。

我想你会很有兴趣知道这个神秘的 X 光是怎样被人们所捕捉到的。1895 年，德国科学家伦琴在研究室做放电现象实验的时候，首先发现了 X 光。实验在一个暗室里进行，伦琴把实验所用的真空管用黑纸包了起来。当实验进行到一半的时候，伦琴发现他旁边的涂着铂氰化钡的屏幕上出现了荧光，在幽暗的实验室内，这神秘的光线只可能来自那个被黑纸包裹着的真空管。但是我们知道常见的光线是不可能透过黑纸的，于是伦琴意识到有一种肉眼看不到的光从

X 射线透视机

　　人体各部分组织的密度是不同的，厚度更不一样，所以它们吸收 X 射线的能力也是不同的：密度大、体积大的组织吸收较多的 X 射线，它在荧光屏表现为黑暗部分，因曝光较少，在照片上则呈白色；相反，那些密度小、体积小的组织在照片上则表现为黑暗。可以想象，当某一组织出现病变或者损伤的时候，它对 X 射线的吸收情况也不同于以往，医生们可以从 X 光照片上发现体内的病变，并及时做出正确的诊断。

　　X 射线透视机虽然在帮助医生诊断病情上显示了神奇的威力，为医生做出正确的判断做出了重要贡献，但是，X 射线透视机并不是完美无缺的，它仍具有两个重要的缺陷：一是人体器官是三维结构的立体实物，而 X 光线只能以平面形式的图像来反映，它相当于投射人体所有器官、组织后形成的重叠图像，医生很难从中得到更详尽的信息；另外，一般的 X 光透视机不能观测到密度变化在 5% 以内的软组织病变，因此也不能及时发现病变的早期征兆。

真空管中放射出来，照射到铂氰化钡上，并使它产生了荧光。他并不知道这种光是什么性质的，于是就将这一神秘的光线，称为代表未知的"X"光。

　　X 光的发现，引起了科学界的广泛关注，科学家们千方百计想弄明白，这种神秘的光线为什么会具有这样强的穿透力。经过长期的研究，科学家们发现：不论是什么光，实际上都是一种电磁波，各种光的不同点在于它们的波长不一样。波长在 4 000 埃～7 700 埃（1 埃等于 0.1 纳米）之间就是可见光，波长小于 4000 埃光是不可见光，比如紫外线。X 光是一种波长比紫外线更短的光，仅为一

般可见光波长的万分之一。这极其短的波长便是 X 光具有强穿透力的秘密所在。

　　一般来说，波长越短的光穿透力就越强。可见光只能穿透玻璃、水晶、酒精等透明的物体，而 X 光能够穿透的物体还包括木头、肌肉等不透明的东西。但是对于铁、铅等由较重原子组成的物质，X 光就无能为力了，因为这些东西能够大量吸收 X 光。我们身体内的

CT 机

　　为了克服 X 射线透视机的缺点，1967 年一位名叫豪斯·弗德的电子工程师设计出了第一台计算机体层摄影装置，并试用于临床。1972 年，他正式把这种新的诊断术命名为计算机体层扫描术，简称 CT。短短几年的时间 CT 机受到患者和医生的好评，并迅速传播开来。那么 CT 机是怎样工作的呢？

　　大体上说，CT 机的工作分为 3 步，分别是 X 光扫描、数据处理和终端显示。在扫描过程中，CT 机是可以活动的，因此它可以从不同角度扫描病变的位置。然后，扫描所得的数据由光信号转变为电信号并输送到电子计算机处理系统，计算机分析处理后，将结果以电信号的形式输送给显示装置，显示装置再将电信号转变成光信号，这样我们就可以在荧光屏上看到病人病变位置的清晰图片了。

　　用 CT 机可以查出 1 厘米及其以上的器官或者组织的病变，因此它的应用比较广泛，心血管动态扫描、头颅以及内脏病变的检查等都必须借助 CT 机的帮忙。但是，对于某些疾病来说，1 厘米的病变已经不小了，1 厘米大小的癌症可能早已转移了。所以，CT 机的技术还不是完美无缺的，还需要今后不断地改良。

骨头吸收 X 光的本领也很强，大约比肌肉强 150 倍，这就是为什么当 X 光透过人体时，会在荧屏上留下骨头黑影的原因了。

如果我们拥有了一双能够发出 X 光的神奇眼睛，实际上并不是一件令人兴奋的事情。虽然你能"看透"世界上的很多东西，并能因此而知道许多别人所不知道的秘密。但可怕的是，你可能会分辨不清人的相貌，你会发现身边的人全是一个个的骷髅，因为人的肌肉对你来说几乎是透明的，只有骨头才能被你感受到。所以，拥有一双能够看到人的骨头的眼睛这种梦想，注定是一场噩梦。

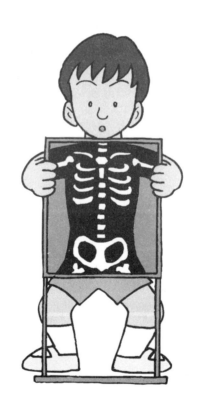

能实现天地对话该多好

　　人类的通信历史源远流长，从古代的邮驿到现在的邮政系统；从用烽火传递军情到现代电话、电报、传真走进千家万户。在漫长的历史进程中，人类的通信技术发生了翻天覆地的变化，现在我们普通人不仅能和远在海外的亲戚朋友方便地联系，就算是和飞进太空的宇航员通话也不是什么不可实现的梦想了。我国首位航天员杨利伟就曾通过"天地语音系统"实现了与地面上指挥中心的对话。

　　与太空人通信的主要手段是卫星通信。卫星通信是用特定的人造卫星作为通信卫星。通信卫星是整个卫星通信系统中的空间部分，它通过转发和发射无线电信号实现地面与航天器之间的联系，它可以传输电话、电报、电视、传真等数据信息。现今，卫星通信系统的主要用途还是实现地球上的通信：卫星通信的覆盖范围很广，一颗与地球同步运转的通信卫星，收发信号可以覆盖地球表面1/3的面积，能够使地面上相距17 000千米的人直接通信。因此，只需要在赤道上空均匀地布置3颗通信卫星，就可以实现除南北两极外的全球通信。

通信卫星可以在地球上空不同高度的轨道上运行，它在地球外围高速旋转所产生的离心力足以抵消掉地球的引力，所以我们不必担心它会突然掉下来。卫星距离地面越远，绕地球一周所用的时间就越长。在赤道上空距离地面 36000 千米空间轨道上的卫星，其绕地球旋转一周的时间正好是 24 小时，与地球自转的速度相同。我们在地面上看来，这种卫星就像静止不动一样，我们把这种相对静止的卫星称作"地球同步卫星"。地球同步卫星运转的轨道非常重要，大多数拥有通信卫星的国家都把卫星发射到这一轨道上来。由于地

外星人通话业务

近来，美国一家公司推出了一项与外星人通话的"星际电话"服务，有兴趣的人可以通过拨打公司特定的电话号码，向外星人呼叫。

据了解，该公司把拨打电话者的声音收集下来，用一个直径为 3.5 米宽的抛物线蝶形天线传播到遥远的太空中去。"星际电话"的天线正对着银河系恒星最密集的地区，公司工作人员声称，银河系约有 4000 亿颗恒星能够接收到该公司所传发出去的声音信号。

前后已经有数千名天文爱好者通过拨打"星际电话"向外太空进行过呼叫了，平均每个电话的时间约为 3 分钟。然而，如今还没有得到外星人任何回应。这或许是因为银河系中根本没有高智慧的外星人，也可能是外星人不屑于搭理地球人。但专家认为即使真有外星人存在，"星际电话"联系到外星人的可能性也微乎其微。因为虽然"星际电话"的信号能力在当今世界上也算是非常强的了，但是要与外星人联系还显得太弱，"星际电话"的声音能够保证在 2 光年距离内接收清楚，但是太阳系外距离地球最近的恒星也在 4 光年以外。

神奇的光纤通信

光是我们最熟悉不过的自然现象了，人类对光的研究也有着悠久的历史。但是用光来通信却是现代才出现的新技术。

光纤通信是用光来传递信息的通信系统，它以光为载波，以纯度极高的玻璃拉制成极细的光电纤维，作为传播的媒介，利用光电变换的原理来让人们识别出通信信号。与其他通信形式相比，光纤通信有其无可比拟的优势。

在通信中，信号的传播需要占据一定的频率范围，也叫作频带宽度。对于一个通信系统来说，它的频带越宽，它的传输容量就越大，传输的信息也就越多。这就好比一条马路，马路越宽，能够并排通过的车辆就越多。科学家们研究发现，激光的波长很短，它的频带宽度能够达到300亿万赫，比微波要高出10万到100万倍，这也就是说激光的通信能力比微波强100万倍。不仅如此，科学家还发现通过光缆传播的信号质量更好，对多种电磁干扰都具有很强的抗击能力。

所以，科学家们相信光纤通信拉开了现代通信的序幕，也许在不久的未来，至少在通信上，光能够完全取代电，人类也将真正由电通信时代进入光通信时代。

球同步卫星的不断增多，致使地球同步轨道上挤满了通信卫星，轨道资源不足的矛盾日益尖锐。

当然，地球同步卫星通信系统也不是完美无缺的，一方面同步卫星的造价和发射费用十分昂贵；另一方面，对人烟稀少的两极地区还不能实现有效的覆盖，这是因为卫星所发射的信号在长途运输中，接近两极地区时已经变得非常弱了，极容易受到干扰。所以，人们在发展同步卫星通信系统的同时，也在积极研究更好的通信技术。

人脑中要是能装块电脑芯片该多好

有许多科学家致力于实现人机的直接交流，这种直接交流不是传统的人通过鼠标和键盘向电脑输入信息，从而实现交流的目的，而是人直截了当地通过意识和电脑交流。你可以设想一下人机直接交流将会出现的神奇现象：当你需要某一信息时，只要动一下脑子，马上就会有翔实的资料出现在脑海里，这也就是说你将再也不用害怕任何考试了；你还可用意识操纵脑子里面的芯片，来控制一座大厦的照明系统等等。如果你的脑子里面植入了电脑芯片，你就会有一种凌驾于万物之上，成为万物主宰的感觉。是的，这种设想是非常美好的，但是它真的能够实现吗？

正如大多数人所想象到的那样，在人脑中植入电脑芯片注定是一个空前复杂的工程。但是有许多科学家相信在不久的未来，人脑很有可能和电脑连接成一体。不过专家们介绍，电脑芯片不一定非要植入人脑里面，它也可以安装在人的颈部后面，通过与人的神经

奇妙的人造器官

实践早已证明人体的某些器官是可以用人造材料来替换的，这就是人造器官。现今，除了人的大脑还无法替代以外，人体其他的各个器官都在仿造中。其中有不少人造器官已经应用于人体，解除了许多病人的痛苦，甚至挽救了他们的生命。

人造器官的诞生和发展有着一段曲折的历程，我国很早就有了"荷叶、莲藕拼接成哪吒身"的神话故事，这说明古代人们就有人造器官的想法。无独有偶，200多年前的一位波兰医生也曾建议用人造水晶来代替眼角膜，使白内障患者重见光明。不幸的是，这位波兰医生生不逢时，无知的人们不仅不相信他，还控告他"妖言惑众"，以至于这位超越时代的医生一度锒铛入狱。事隔百余年后，一位名叫加里德的英国医生才实现了那位波兰医生的预言，一次偶然的机会，加里德医生发现手术后留在一位飞行员眼睛内的玻璃片并没有让他患角膜炎，这说明有些人工材料并不会与人体发生排斥反应。于是，加里德医生后来在给一位眼科病人做手术时，大胆地用人造塑料晶状体替换掉病人眼中已经混沌不堪的晶状体，结果使病人重新看到多彩的世界。

而今人造器官已是屡见不鲜，比较常见的人造器官有：人工心脏和心脏瓣膜、人工肾脏、人工关节、电子眼等。

系统连接，把人脑的思维直接转化成输入电脑的信号。美国的科学家已经完成了电脑芯片移植入身体的理论研究，正在研制一种新的非常微小的电脑芯片，并使这种芯片能够与人颈部后面的大脑神经连接。现今，科学家们已经掌握了使电脑芯片与神经末端相融合的方法，并使电脑芯片在人体内的寿命达到了1年多。

随着科学的进一步发展，人类还将实现遗传学与计算机的融合。

一方面，电脑芯片将被广泛地植入人体内，它们不会像起搏器和助听器那样是人体的外缀，而像一个细胞一样成为我们身体的一部分。另一方面，芯片在人们体内工作的过程中，会渐渐学到人体的所有秘密，最终我们天生的所有器官都可以被人造的东西所替代。到时候你或许会成为一个由标准电子部件构造而成的、可以重新装配的电子人，随着各种部件的不断升级，你有可能具有越来越强大的本领。人类将变成一个变形金刚一样的电子人，可以随时随地改头换面。那个时候人们经常会听到这样的话："嗨！我的××器官又升级了，这个器官运行的棒极了，你也去买一个装上吧！"

科学家的发明创造，为我们展开了一幅不可思议的画卷，许多人对此欢欣鼓舞，但是也有人对"电子人"表示担忧。这些忧心忡忡的人认为人体内的芯片很有可能成为监视个人隐私的装置，无论何时无论何地，你的一举一动甚至是你的想法，都会被电脑芯片所监控。电脑芯片也许不是绝对独立的，它很可能被某一机构所操纵，那样对于这些操纵者来说，你将毫无秘密可言；除此之外，人们还担心有朝一日计算机将统治人类。人体芯片的出现，可能将人类变成一种半机械半肉体的动物，而随着计算机技术的发展，这些植入人体的职能芯片或许会逐渐控制人类本身的智能。对于这些担心，社会学家和科学家必须认真的考虑，毕竟科学的进步并不仅仅给人类带来福利，灾难也许就隐藏在欢呼的背后。而今，十字路口已经近在眼前，你将会迈向哪一边呢？

如果发生核战争会怎样

1945年8月6日，人类历史上首次使用超级核武器，目标是日本广岛。上午8点15分，代号为"小男孩"的原子弹从轰炸机中坠落，"小男孩"打扮得很漂亮，它全身乌黑、状如鲸鱼、身长3.05米，直径0.7米，重4吨多。53秒以后，"小男孩"露出了它的狰狞面目，它在距离广岛市中心600米的高空爆炸，随着一声惊天巨响，广岛上空出现了一个五光十色、光芒四射的大火球，接着巨大的蘑菇云腾空而起，整个广岛城被烟雾吞没。"小男孩"的战果是：广岛市区80%的建筑化为灰烬，64 000人丧生，72 000人受伤，伤亡人数占全市总人口的53%。这便是60多年前第一次核袭击所带来的直接后果，间接后果难以计算。

如果未来发生核战争，除了不可避免的生灵涂炭之外，整个人类文明也将面临严重的威胁，因为核战争将会对环境和生态系统造成难以恢复的破坏。我们先从环境破坏方面来分析：首先，在核武器爆炸的城市和工业地区，合成材料的大规模燃烧将会释放出一种叫作"热毒"的毒气，这种毒气将会覆盖北半球的大部分地区，并

核武器为何威力巨大

　　普通的炸弹、炮弹内装的是化学炸药，通过爆炸的形式产生气浪、弹片等以此来对目标进行杀伤和破坏，其杀伤范围有限，半径仅为十几米，最多百米。而核武器则不同，它里面装的是核装药铀235、钚239或者热核装药氘、氚和氘化锂等。它爆炸所释放出来的能量是由核聚变和核裂变所产生的，比一般的化学反应所产生的能量要大多了。

　　1千克核装药铀235全部裂变所产生的能量大约相当于2吨化学炸药爆炸所产生的能量。而1千克氘、氚聚变所产生的能量又是1千克铀235的4倍。所以，原子弹或者氢弹爆炸所产生的冲击波、光辐射、核污染等的杀伤半径常为几千米，甚至是几千千米。并能对攻击目标进行多方面的破坏和杀伤，一般炸弹根本不能和它相提并论。

持续好几个月，无数生物将面临灭绝的厄运。其次，核爆炸势必会产生相当规模的放射性尘埃，所有有幸能从核战争活下来的人都很难逃脱被辐射的命运，并因此而终生患病。第三，核战争将对平流层中臭氧层产生巨大的破坏，使大气中出现大面积的臭氧层空洞，原本被臭氧层阻挡和吸收的紫外线将长驱直入，在战争结束后的几年内，地球的表面将遭受致命的紫外线辐射。第四，在核战争发生一段时间以后，离地面6千米～8千米高的大气温度将会大幅上升，因而造成高海拔地区温度骤升，如我国的西藏地区温度大约会升高20℃。全球各主要山系顶峰势必会出现冰雪融化，从而造成洪水肆虐人间的惨相。

　　从生态系统方面来看，由于核战争所腾起的大量烟尘盘旋在空

中,遮住了大部分的阳光,地球表面将会在很长一段时间内缺乏阳光。这对于依赖阳光来进行光合作用的绿色植物来说无疑是毁灭性的打击,绿色植物的种类和数量将会锐减。另外,严寒和黑暗对于动物来说也将会产生灾难性的影响,食草动物会因为植物数量的锐减而大量饿死,而以食草动物为食的食肉动物自然也会随着消减,最终面临饥寒交迫困境的人类不得不将目光投向浩瀚的大海。但是海洋上的生态系统也好不到哪里去:海面上的浮游植物同样会因为缺少

核电站

　　人类不仅有破坏力很大的核武器,同样有必将为人类发展做出重要贡献的核电站。因此核能既可以是疯狂屠杀的刽子手,也可以是造福人类的天使,它终将扮演什么样的角色,完全由人来决定。

　　核电站一般靠山傍水而建,周围环境非常优美,走进核电站的大门,你会发现它的内部同样安静而整洁,没有煤堆,没有油罐。高高耸立的烟囱也不像火电站的烟囱那样排出滚滚浓烟,从核电站的烟囱里排出的是看不见的废气。核电站表面上没有任何噪音,而机房里巨大的汽轮发电机却正在飞转,把强大的电流源源不断地输送到四面八方。

　　如果你可以到核电站的中央控制室去参观,就会发现控制室正面的墙壁上布满了各式各样的仪表,操纵人员通过电脑控制着核电站,使它能够安全稳定地运行。

　　核电站的发电能力是惊人的,它吃下的"食物"少,吐出的能量却远远超过常规电站。一座 100 万千瓦级的压水堆核电站,一年只需要 30 吨～40 吨的低浓铀核燃料。而同样规模的火电站,一年则需要 212 万吨～350 万吨煤炭。

阳光而死亡，从而导致海上食物链中更高级动物的逐级递减，而且因为环境巨变所引起的海上风暴会频繁地出现，这使得人类下海捞取幸存水生生物也变得异常困难。

　　总之，如果发生了核战争，不仅人类文明会大幅倒退，人类的生存也将朝不保夕，整个地球也会因此而死气沉沉。幸好所有拥有核武器的国家对于这一后果都有清醒地认识，不敢贸然发动核战争。但是谁又能保证60多年前发生在日本广岛的惨剧不会再重演呢？也许只有彻底销毁所有核武器，才能对此做出保证。

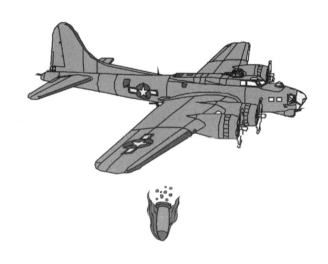

如果什么都是自动的
该多好

有人把学习或者工作看作是生活中必不可少的一部分，有人则认为那是沉重、烦琐的劳动；有人把家务活当作一件有趣的事情来做，有人则觉得那简直就是一种折磨。科学技术的进步已经让我们摆脱了许多繁重的劳动，比如联合收割机的广泛应用，使农民伯伯感觉到收获的季节也不那么忙碌了；科学工作者大部分的计算工作都被电脑所代替等。但是，"懒惰"而聪明的人们总是期望生活能够过得更加轻松，希望一切事情都能够自动完成，自己能够把所用的精力和时间都用来发展人类所特有的潜能，去探索人类现今还无法了解的未知王国。这样的生活看起来遥不可及，但是科学家告诉我们，全自动的生活就在不远的未来。

在什么都是自动的时代，机器人"佣人"将会无微不至地照顾我们的饮食起居。而形形色色的"无人工厂"将会生产我们所需要的一切东西。对于简单的家务活，你可能很容易相信自动化不久就

会实现，毕竟现今各种家用电器的出现，已经使我们的家庭实现了不同程度的自动化。但是在环境复杂得多的工厂里面，人类也能完全袖手旁观吗？科学家们认为，这种愿望基本会实现，即使偌大的工厂里面有几个人，其从事的也不过是简单而轻松的监督和维护工作。

其实，全自动的工厂现在就可以看出些许的端倪，各种无人化的生产线和自动化的生产系统早已进入了现代化的工厂中。比如，位于美国底特律市的一家汽车制造企业，早在 1986 年就引进了一条自动生产线，一排银色的汽车底盘沿着生产线流动到某一个位置就停下来，生产线两侧的"焊工"立即忙碌起来，在一个金属框架的

家庭自动化

未来社会的家庭自动化将是利用微计算机、传感机器以及各种电子设备，实现人们文化娱乐、医疗保健、家庭环境、家庭财务等等全面的自动化控制。

家庭的安全自动化控制系统能够控制电源、煤气、水阀等，一旦家里出现火情、漏电或者漏水，安全自动化控制系统一方面会发出警报，另一方面会启动消防设施，切断电源、水源或者煤气。如果家里有"梁上君子"光临，安全自动化控制系统还会拍下不速之客的相片，并且自动打电话报警。

另外，家庭教育系统也会走进我们的生活。简单说来，家庭教育系统就是"老师在家里授课，学生在家里听讲"，传统的学校变得毫无必要。老师和学生都能够获得极大的方便。针对家长，也有专门的采购自动化系统，如果你需要购买什么东西，打开电脑，各大商场的所有商品全在上面，你只要输入自己的银行账号的密码，把钱汇入商场的账号下，你所需要的产品马上就送到家门口。

农业自动化

农业自动化意味着农业生产的电子化、仪表化和计算机控制化。这当然要比现在的机械化和电气化的水平更加先进了。

农业自动化的实现将会在很大程度上改变农业生产靠天吃饭的状况，农民伯伯可以通过操纵仪器来控制家畜的饲养环境和作物的生长环境。不仅可以提高生产效率，还能够达到节省能源的目的。

农业自动化还可以实现果实的筛选，计算机可以代替人工通过颜色、重量、大小、光学特性等等几个方面来对果实进行筛选，不仅节省了大量的人力，而且筛选的结果更加科学合理。

农业自动化还包括喷灌自动化，计算机能够自动"感受"空气的干燥程度，在最合理的时候对农作物进行喷灌。它还不是简单地浇水，而是在一定的压力下把水喷洒到空中，散成细小的水滴，像下雨一样滋润农作物。既节省水资源又能起到最好的效果。

总之，未来的自动化将广泛地应用于农业的各个方面，并对农业的发展做出突破性的贡献。

范围内迅速移动，把底盘上需要连接的部分飞快地焊接起来，仅用时 23 秒钟便焊好了 250 个旱头，效率奇高而且技术出色。这些一流的焊工不是别人，就是机器人。而今，自动化的技术得到了进一步的发展，一些现代化的工厂中，各个岗位上，电脑控制的机器人大显身手，自动搬运车沿着指定的路线往回穿梭，一切都井然有序。除了生产车间的自动化外，"无人仓库"也终究会由梦想变成现实，计算机控制着进货和提货，并确定最佳的方案，自动叉车严格遵守计算机的指令，一丝不苟地完成任务。不需要为存货预留位置，所有的空架都可以得到充分的利用，至于货物存放在什么地方，计算

机会记得一清二楚，这一点它根本不需要人类担心。

可见，未来的社会人类既可以不用上班，在家又完全不用做家务活，全自动的生活实在是让人感到惬意。但是，你可不要高兴得太早呀，毕竟全自动的生活还是一个设想，现在我们还要努力地学习科学文化知识，用自己的力量去加速梦想实现的步伐。

这就是我们人类
——生理与心理

人总也不长大该多好

有人期待自己能够快快长大，这样就可以在不需要别人帮助的前提下，做许多自己想做的事情。但是长大就意味着会慢慢变老，想象一下自己满脸皱纹的样子，总是不寒而栗。所以更有人不想长大，总愿意停留在儿童时代，在爸爸妈妈和老师的呵护下，永远过着简单而快乐的生活。

如果你真的不再长大，你可能会发现生活远远不像你想象的那样美好。身边的小伙伴一个个都长大成人，可以轻松地做到你所难以企及的事情。当然，你可能不会去羡慕那些曾经得伙伴，因为总有新的朋友来到你的身边，但是永远不变的年龄，你可能会不断地重复大同小异的游戏，也许刚开始的时候你还会玩的津津有味，但是时间长了你难免会感到厌烦。更可怕的是，你会发现爸爸妈妈在不断地变老，他们的身体渐渐衰弱，对于许多事情渐渐心有余而力不足了，而永远长不大的你却不能助他们一臂之力。那个时候，你可能会对自己曾经的选择感到后悔，你会期望自己能够像正常人一样长大。但是值得庆幸的是，这种现象永远不会发生，从古至今现

长高的奥秘

一般来说人的身高取决于人体长骨的长度，而脑垂体所分泌出来的生长素对长骨的生长和发育起到关键性的作用，可以说人体长高的奥秘就在于生长素。

骨骺是长骨两端的软骨组织，在人体生长和发育过程中，骨骺不断形成新的软骨组织，然后钙化，这样长骨也随之不断增长。生长素并不直接作用于骨骺，而是借助血液中一种叫作生长介质的物质对骨骺发生作用，它能够促进软骨组织中蛋白质合成的细胞分裂，从而使软骨组织生长。

生长素对人体的生长至关重要，除了能够促进软骨生长之外，它还能促进人体的新陈代谢和蛋白质的形成，增强人体对钙、钠、钾、磷等重要元素的吸收，以满足生长发育的需要。在幼年时，如果生长素过少，人就容易长成"侏儒"，如果生长素过多，就容易出现"巨人症"。

那么生长素分泌的多少又受什么影响呢？一般来说生长素的多少受两个因素的影响，一个是睡眠的多少，据研究生长素在睡眠中分泌增加，而在清醒时分泌减少，所以睡眠不足将会影响儿童的生长发育；另一个因素是代谢，其中尤以血糖的影响最大，当血液中血糖含量充足时，能够促进生长素的分泌，所以患有幼儿糖尿病的儿童，其生长和发育也会受到影响。

实生活中还没有一个人能够永葆青春。随着时间的流逝，我们不断地长大，这是大自然的规律。

人的一生可以分为婴儿期、幼儿期、童年期、青春期、成年期和老年期6个阶段，在这几个阶段中，人的生长和发育有时快有时慢。一般来说人的生长发育有两个高峰期，第一个高峰期出现在5岁以前，这一时期人每年的增长幅度最大，以后每年的增长幅度又开始下降；第二个高峰期，女孩一般出现在11岁到15岁，而男孩则出

早上长高晚上变矮的秘密

　　知道吗？我们的身高在一天之中是不断变化的，感到惊奇吗？不信你可以量一量，如果你中午时的身高是150厘米，那么你早上起来的时候一定高于150厘米，而晚上睡觉前又一定低于150厘米。如果你实际测量过，结果可能会让你大吃一惊，早晚身高之间的差距有时竟然能够达到4～6厘米！

　　原来，我们人体的骨架由一段一段的骨骼组成，我们之所以能够自由转动，是因为有一种软东西把一节一节的骨骼连接起来，这种软东西就是"软骨"。当我们夜间平躺着睡觉的时候，关节间就松弛下来，软骨就会因为大量吸收体液而变厚，虽然一层软骨变厚不多，但是从足关节到颈关节许多层软骨都变厚，加起来就是不小的数字，所以早上起来的时候测量身高，你一定会收获一个惊喜。

　　但是经历了一天的学习、走路，在地球引力的作用下，骨骼之间互相积压，又会把体液从软骨中挤出去，这样身高自然就会矮下来。如果在一天中，你走远路、挑重物，那么到了晚上，你身高的下降幅度就会更加明显。

现在12岁到17岁，以后增长会趋于停止。在第一个高峰期和第二个高峰期之间，6到11岁是人的增长缓慢期，在这期间人体除神经系统、淋巴系统等少数几个系统之外，其他系统都还没有发展成熟。在人体的成长发育过程中，身体不断将吸取自外界的营养供给身体的各个组织部分，以支持其成长。在这一期间，人的身高、体重、胸围和肺活量都会逐渐变大，而且有一定的基本限度，如果谁超过的这个限度，就要到医院去诊断是否患了某种疾病。

　　明白了生长发育的道理，我们在憧憬未来的同时，也要意识到生命的珍贵和不可复返。认真过好现在的每一天，不给未来留有遗憾，那么我们的生活就永远是精彩纷呈的。

有没有和我一模一样的人

我们常常能听到别人这样对自己说："你长得和我一个同学很像啊！"可能你自己也有认错人的经历，不错，这个世界上有很多人长得都很相仿，比如模仿秀节目中，就有很多选手和某一明星很相像。但是，也只是感觉很相像而已，仔细辨认，你还是能够发现两人之间的细微差别的。都说"世界上没有两片完全相同的树叶"，那么会不会有两个人长得一模一样呢？这个世界的某一个角落里会不会出现一个和你一模一样的人呢？

这个问题看起来如此地不可思议，如果世界上真有一模一样的人，我们该怎么区分呢？《西游记》中的真假孙悟空，就连和孙悟空朝夕相处的唐僧都区分不出，最后只有求助如来佛祖才辨别出真伪。如果世界上出现了两个一模一样的人，恐怕还得劳佛祖大驾才能区分出谁是张三，谁是李四呢。这对于这两个人身边的亲戚朋友来说实在是一个大麻烦。你可能会认为这完全是杞人忧天，因为一个人最终的相貌会受到非常复杂的环境的影响，自然界根本不会出现两个人一模一样这种巧合。至少截至现在来看，你的看法是不错的，

父母能否决定婴儿的长相呢

　　每一对父母对自己没出世的孩子都充满了憧憬，希望他或者她能够有一幅讨人喜欢的长相。但是毕竟上帝不太可能和你想的一样，你只能被动地接受现实的安排，所以难免会留下或多或少的遗憾。如果自己能够决定婴儿的长相，那么所有问题就不成为问题了。

　　选择婴儿长相的设想，并不是天方夜谭，如今科学家们已经知道如何取出动物或者人类的基因，再替换成别的遗传基因。遗传基因是细胞的一部分，它决定了你将成为一个什么样的人，比如你是男孩还是女孩，你的头发是黑色还是黄色的，你的眼睛是黑色还是蓝色的等，未来科学家或许能够按照父母的意愿改变遗传基因，从而使父母得到理想中的孩子。

　　有些动植物的基因中带有疾病，会一代一代地遗传下去，比如父母的近视眼、扁平足等就会通过基因遗传给下一代。而今科学家们正在从事基因工程的研究，这一研究就是致力于解决带病基因的问题。也许用不了多久，科学家就可以用健康的基因替换掉婴儿的疾病基因，从而保证婴儿没有先天缺陷。

　　实际上，掌握了基因技术，科学家不仅可以制造出健康的婴儿，甚至可以制造出智力和体力都超强的超级婴儿，当然这种婴儿不能被称之为"天才"，因为他完全是人为造成的。

但是无所不能的科学也许最终会打破你的这一论断。

　　依照正常的生殖方式，一个婴儿的生命源自受精卵，受精卵是由母亲的卵子和父亲的精子结合后而形成的，它是一种单细胞的生物。受精卵中包含了来自父亲的遗传基因和来自母亲的遗传基因，它一旦形成后，就会不断分裂，产生更多的新细胞，最终形成一个

以数百万亿个细胞所组成的婴儿！这个婴儿的遗传基因是父母双方的遗传基因混合而成的，因此他不会和父母中任何一方一模一样。可以说，通过这种正常的生殖方式，自然界中不可能出现两个一模一样的人。

但是，科学家们已经发现了一种迥异于正常生殖方式的生殖方式——克隆。这一生殖方式产生的婴儿同样是源自一个细胞，但是这一细胞并不是由父母双方的细胞结合而成，它是来自于一个人。通过克隆方式培育出来的人，因为他只继承了一方的基因，所以他会和细胞提供人长得很像，甚至是一模一样。

双胞胎的秘密

我们经常会在学校里或者是大街上看到一对对活泼可爱的双胞胎，双胞胎兄弟长得几乎一模一样，常常让人分不清谁是谁。这是怎么回事呢？

其实双胞胎可以分为两种，一种是同卵双胞胎，一种是异卵双胞胎。同卵双胞胎是指一个受精卵或者胚胎，由于某种现在人们还不清楚的原因突然分裂成两半，这两半都发育成一个完整的胚胎。将来这两个胚胎所发育成的婴儿不但性别相同，而且容貌也一模一样；而异卵双胞胎是由于卵巢同时排出 2 个卵子，这两个卵子同时受精并各自发育成熟所形成的。异卵双胞胎性别可能相同也可能不相同，容貌和性格也不可能十分相像。在极其罕见的情况下，卵巢会同时排出两个卵子，它们同时受孕，又同时分裂成两半，这样就会生下两对双胞胎，如果其中一对是男孩、一对是女孩，就是所谓的"龙凤四胞胎"。

所以，如果我们看到一对长相非常相像的双胞胎兄弟或者姐妹，我们就知道他们很有可能是同卵双胞胎。

现今，克隆技术已经在羊身上取得了成功，有科学家认为，人类也可以通过这一方式来繁衍，但是这一设想遭到了包括我国在内的大多数国家的反对，这其中涉及许多尖锐的道德问题，如克隆人能否得到社会的认同？改变人类的生殖方式是否正确？你怎么看待这个问题呢？你是否会希望世界上出现许多一模一样的人呢？

我是哪里来的

有时候你可能会对自己的身世产生疑问，想知道自己究竟是从哪里来的？于是就将问题抛给长辈，长辈的答案千奇百怪，有的说你是从海里面捡来的，有的说你是别人送来的，更有的说你是从天上掉下的。这些不可思议的答案可能并不让你满意，因为你从来没有想到过自己的身世居然这样悲惨：曾经在海水里淹过，曾经被别人遗弃过，甚至还有可能从高处摔下来过。自己经历过的苦难，现在已经没有什么记忆了，这倒还罢了，更重要的是，这说明自己和爸爸妈妈并没有什么太深的关系，不过是这家人从外边捡来的一个局外人而已，说不定什么时候就会被爸爸妈妈遣返的。想到这里，你可能会感到有些伤心，觉得自己没有依靠了。

其实你完全不必为此感到难过，因为那些答案不过是长辈和你开的玩笑而已，你是从母亲的身体里面出来的。原来，母亲的体内有一对卵巢，位于子宫的左右侧，卵巢里会产生一种叫作卵子的生殖细胞，成熟后的卵子外观是圆形的，有针尖一样大小。而父亲的体内能够分泌出一种叫作精子的生殖细胞，精子要比卵子小很多，

全长仅 0.5 毫米，肉眼根本看不到，它像蝌蚪形状，头部扁圆，尾巴长，精子要靠尾巴的摆动才能向前移动。母亲每个月有一个卵子成熟，并从卵巢里面排出来，这个卵子的寿命只有 24 个小时，如果 24 个小时之内卵子遇到了爸爸的精子，就会形成一种结合物叫作受精卵。受精卵就是胚胎生命的开始，这个幼小的新生命靠着输卵管的肌肉和内膜纤毛的运动，慢慢爬到了母亲的子宫里面，并在这个温暖、舒适的"宫殿"里面住下来，逐渐发育成胎儿，这个胎儿就是你了。在子宫里面住了 10 个月左右，你就在医院里护士阿姨的帮助下，从母亲体内来到这个世界上了。

所以，你是爸爸和妈妈共同的结晶，是他们给了你生命。因此，爸爸和妈妈就是你在这个世界上最亲的人，你是这个家庭最亲密的成员，并不像那些长辈所说的那样，是一个偶然从外边来的小客人。

试管婴儿是怎么回事

第 1 个试管婴儿诞生于 1978 年，而今近 30 年过去了，试管婴儿在全世界得到较快发展，至今已经出生了 10 多万试管婴儿。

试管婴儿并不真的是在试管中长大的婴儿，而是先从母亲的体内取出卵子，再从父亲身上取出几个精子，然后医生使精子和卵子在试管中结合成受精卵。受精卵在试管中培育了两天后，就会分裂成 8 个细胞，等到这时再把受精卵重新移植到母亲的子宫内。使婴儿在母亲的身体内正常的发育。所以，试管婴儿只是使用试管代替了母亲的部分功能，培育了婴儿最初的生命。

有意思的是，试管婴儿多是女性，这可能是因为试管婴儿的培养环境适合女性婴儿的出现，也可能是因为女性胚胎比男性胚胎更加强健。

基因和人类基因组计划

科学家们介绍：基因是具有遗传效应的DNA分子片段，它在染色体上呈线性排列。基因可以通过复制的方式把遗传的信息传递给下一代，使下一代表现出诸多和上一代相似的特征。每个人之间之所以有头发、眼睛、鼻子、肤色等这样那样的差异，就是基因差异所导致的。

人类只有一个基因组，大约含有5万~10万个基因，这些基因决定了一个人的所有身体特征。1985年，美国科学家提出了所谓的人类基因组计划，希望能够弄清楚所有人类基因在染色体上的位置，破译全部的遗传信息，使人类更加透彻地认识自己。这一计划从1990年开始实施，随着基因组逐渐被破译、人类生命之图的绘成，人们的生活也必将发生巨变。人类对自身的了解上了新台阶，很多疾病的病因也最终被揭开，药物自然也会设计的更好，很多现在难以克服的疾病，最终将不再困扰着人类；另外，人们也会根据自身基因的情况调整自己的饮食起居，人类的整体健康状况将会大大提高。

我的性别由谁决定

　　你一定知道自己是男孩还是女孩，而且也早已适应自己的角色了。那么，有没有想过自己为什么是男孩（女孩）呢？这是爸爸妈妈两人商量决定的吗？其实爸爸妈妈根本没有决定你性别的本领，你之所以是现在的性别，完全是一种偶然。

　　决定你性别的是一对性染色体。人体细胞中共有 23 对染色体，其中前 22 对染色体是常染色体，与后代的性别无关，第 23 对染色体即为性染色体。性染色体有两种：一种是 X 染色体，一种是 Y 染色体。女性的一对性染色体是由两条大小形态相同的 X 染色体所组成的 XX 染色体，而男性的一对性染色体是由一条 X 染色体和一条较大的 Y 染色体所组成的 XY 染色体。在男性的精子和女性的卵子形成时，每个精子都有 23 条染色体，即包括 22 条常染色体和 1 条性染色体，正好是人体细胞所含染色体的一半。由于女性的性染色体是 XX，所以女性只有一种卵子，即含有一条 X 染色体的卵细胞。而男性的性染色体是 XY，因此男性的精子有两种，一种含有一条 X 染色体，另一种含有一条 Y 染色体。当含有 X 染色体的精子和卵子相结合就会形成 XX 合子，最终会发育成为女性胎儿；当含有 Y 染色体的精子和卵子结合就会形成 XY 合子，最终发育成为男性胎儿。在卵子受精时，两种精子和卵子相结合是完全随机的，这也就决定了下一代的性别是男性还是女性各有 50% 的概率。

科学家们在对生长细胞的研究中发现，含有 X 染色体的精子和含有 Y 染色体的精子二者有着不同的特性：含有 X 染色体的精子活动能力较弱，行动比较慢，但是生存时间较长；而含有 Y 染色体的精子活动能力较强，游动较快，但是寿命较短一些。另外还发现，

生命之舟 —— 染色体

既然细胞堆积成了生命，那么生命的全部秘密也必定隐藏在这细胞里面了。然而如果我们想进入细胞，就需要一把能够开启细胞"门"的钥匙，这把钥匙就是染色体，它同时也被称作生命的载体。

早期的科学家在研究中发现，细胞核是细胞最重要的部分，细胞的分裂全仰仗于细胞核的分裂。于是科学家的目光都对准了小小的细胞核，1848 年，德国一位植物学家在花粉的细胞核中隐约发现了一些丝状物。1879 年，德国生物学家弗莱明发现细胞核内的丝状物能够被染料染色，于是后来这一物质便被称之为染色体了。接着，科学家们发现相同种类的生物，细胞内都含有相同数目的染色体，而且染色体成对出现。在细胞的分裂过程中，染色体的数目先增倍，然后再一分为二，因此分裂后的细胞与母体细胞有相同数目的染色体。

直到 1959 年人们才弄清楚自己的染色体共有 46 条，23 对。这些染色体恰好有一半来源于父亲，有一半来源于母亲。人们认识到人类和其他生物一样，靠细胞的分裂来不断地长大，但是细胞的分裂完全离不开染色体，染色体才是一切的本原，所以说它是生命之舟。

含有 X 染色体的精子更喜欢酸性的环境，而含有 Y 染色体的精子更喜欢碱性的环境。

到目前为止，人类还无法控制生男生女，这并不是一件坏事。因为从大的方面来讲，人类不应该干预生男生女，让男孩和女孩随机产生，也不易破坏男女性别比例的平衡。

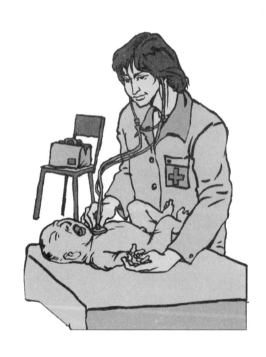

如果人总也不死该多好

如果人总也不死该多好。这个想法不止你一个人有，古往今来无数人都曾做过永生的梦想，2 000多年以前的秦始皇就曾派人去东海寻找长生不老药，后世的人们更是将长生不老当作一项矢志不移的追求。当然，迄今为止还没有人能够实现长生不老的梦想，但是随着现代科学技术的迅猛发展，科学家能否一圆人类这一千古梦想呢？

我们知道人体是由无数微小的细胞所组成的，人体的死亡从细胞的死亡开始。许多年来科学家们一直在寻找导致细胞死亡的原因。后来，人们发现人体内存在一种叫作"端粒"的物质，这种物质随着细胞的分裂而不断地缩小，当端粒缩小到不能再缩小的时候，细胞的生命也就到达了尽头，因此科学家们形象地把端粒称之为"生命的时钟"。目前科学家们正在对端粒进行深入研究，期望能够通过调控端粒来达到延缓衰老的目的。

除了生命的时钟以外，科学家们又发现死亡与一种生物自身所产生的物质有关，这一物质被称为"死亡激素"。生物学家们在对

雌章鱼生儿育女后悄悄死亡这一现象的研究中发现，章鱼死亡的奥秘在眼窝后面的一对腺体上，就是这对腺体到了一定时候所分泌出来的一种化学物质导致了章鱼的死亡，这一物质便是死亡激素。由此科学家们联想到，人体内是否也存在死亡激素呢？

经过研究发现，人体内确实存在死亡激素，它是由长在人脑之中的一个非常重要的腺体——脑垂体所发出的。脑垂体重约0.5克，如蚕豆一般大小，调节和控制着人的生长发育、生殖和新陈代谢，另外他还能够促使甲状腺分泌出甲状腺素，人类一旦缺少甲状腺素就会感到浑身乏力，不想吃东西，最终衰竭而死。因其对人体的重要影响，所以虽然找到"杀人凶手"，科学家却不能简单地对它执

脑垂体与其分泌出的激素

垂体位于脑的底部，它是人体内分泌腺的中枢，能够分泌多种激素，调节人体的新陈代谢和生长发育，并能够调节其他内分泌腺的分泌活动。

垂体所分泌出的激素能够促进全身尤其是骨骼的生长，如果人在幼年的时候，脑垂体分泌的生长激素过少，人的生长就会延缓，长大以后可能会成为身高不足70厘米的侏儒症患者；相反，如果幼年时期生长激素分泌过多，人的生长就会过度，成年以后身高可达2.6米以上，这叫作巨人症；如果成年人生长激素分泌过多，由于骨骼已经愈合，无法长高，就会出现手大、指粗、下颚突出等症状，这叫作肢端肥大症。

另外脑垂体还能分泌出：促甲状腺激素、促肾上腺皮质激素和促性激素等。这些激素能够促进甲状腺、肾上腺以及性腺的活动，使人体能够正常地成长。

行死刑，只能通过药物、手术等多种医疗技术来延缓"死亡激素"产生，达到延年益寿的效果。

可见，在通往永生的道路上，科学家们已经进行了不少突破，但是在现在的条件下，人类所能做到的最多只是延年益寿。所以，我们的时间还是有限的，怎样利用有限的时间去做最有意义的事情才是我们所要认真考虑的问题。

吃饱了总也不饿该多好

　　早上经常会起晚，慌慌张张地洗刷完毕，拿起书包就以百米冲刺的速度向学校跑去，后面妈妈端着刚刚煎好的香喷喷地鸡蛋和热乎乎地牛奶招呼着："慢点，吃点早饭再走！"，这个时候谁还能顾得上吃早饭呀，如果不迟到，那就阿弥陀佛了。但是一到了中午，特别是最后一节课的时候，肚子就开始咕咕地叫起来，饿得厉害的时候，满头都是虚汗，浑身一点力气都没有，连走路都成问题。那个难受劲儿，现在一想起来还心有余悸，于是就想：如果吃饱了总也不饿就好了，那样前一天晚上我就大快朵颐，然后第 2 天一天都不用忍受饥饿的滋味了。

　　我们知道食物是补充身体营养的东西，就像汽车加满了油才能全力行驶一样，我们也需要通过补充食物来维持活力。但是遗憾的是，我们没有像驼峰一样的仓库，能够储存足够的食物，供几天所需，我们只能通过一日三餐来补充。我们之所以感觉到饿，就是神经中枢在提醒我们"汽油"要耗尽了，要赶紧补充，否则要影响运行了。

　　我们每顿吃进的饭菜，经过一段时间就会被胃中的消化液搅拌

食品加工厂——胃

胃位于人的左上腹腔，是消化道中最主要的一个部门。它外形像一个大布袋，上接食管，下接十二指肠，内表面有许多凹凸不平的黏膜，当有食物填充进来时，黏膜能够扩展开来，以使胃最大面积地与食物相接触。

胃是食物的加工厂，它能分泌出强酸性黏液——胃酸，胃液能够帮助人体分解出食品中的养分。食物经过口腔的粗加工后进入胃，然后胃通过蠕动和搅拌将食物变成粥状的混合物，再加上胃液的分解，为肠道的消化和吸收提供了便利，可以说胃是食物最后消化吸收的前站。

儿童的胃一般体积较小，胃壁较薄，所分泌出来的胃液量也少，消化能力弱，所以儿童适合吃一些易于消化的食物。

均匀，其中的少部分水被吸收后，就会被逐渐从胃排出。具体经历多长时间才能排空，这和食物的成分有密切关系，如果你吃的主要是蜂蜜、果冻、巧克力、糖果等糖类食物，一般 2 个小时左右排空；如果你吃的是豆腐、蛋类、鱼虾类等富含蛋白质的食物，大约需要 3 小时～ 4 小时才能排空；如果你吃的是油炸类、奶油类、肥肉等高脂肪食物，胃需要 5 个～ 6 个小时才能将他们排空。如果你吃的杂食，那么胃排空的时间大约为 4 个～ 5 个小时。另外胃的排空速度还与进食的量有关系，如果你的胃中仅有 100 毫升的食物，那么胃每分钟大约排出 5 毫升；如果你胃中的食物量达到了 500 毫升，那么每分钟会排出 15 毫升左右。

胃一旦将你所摄入的食物全部排空后，它就开始收缩，这种收缩比较剧烈，它起自贲门，向幽门方向蠕动，这种收缩就会让你感

觉到饥饿，明白自己需要进食了。可见，吃饱了总也不饿并不是一件好事，说明你的胃出现了问题，它已经无法将"燃料将尽"警报传达给你了，如果你因接受不到报警，而总也不补充食物，身体就会出现"熄火"现象。所以，要想避免每天中午的饥肠辘辘，我们不能求助于"吃饱了总也不饿"，而是要早起一会儿，吃好早餐。

消化和吸收

消化和吸收是人体从食物中吸收营养物质的重要过程。

消化是指食物从口腔进入后，所经历的一系列加工过程，最终使食物成为利于吸收的形式。消化的形式主要包括物理消化和化学消化两种，其中物理消化是指食物的磨碎、搅拌，以及与消化液的混合，主要通过牙齿的咀嚼、舌头的搅拌以及胃的蠕动来完成。化学消化，就是将食物通过化学反应的变化，变成最易于吸收的形式。食物中的淀粉在口腔进行消化，蛋白质在胃里经过初步消化后进入小肠，小肠通过蠕动和多种消化液的共同作用下，将糖、蛋白质、脂肪等营养元素全部消化。吸收，就是在消化后的食物中，提取精华部分，输送到血液中的过程。吸收主要在小肠进行，另外大肠和胃对少部分养料进行吸收。

一般情况下，少年儿童的消化吸收能力比较强，这也有助于身体的生长和发育。

人不知道渴该多好

赤日炎炎的夏日，大汗淋漓地运动一番后，总会觉得口渴，只有痛痛快快地喝一气凉水，才能重新恢复运动状态，继续投入到运动中去。人为什么会感到口渴呢？你可能会说，答案很明显，就是因为我们在运动中出汗太多了，需要补充水分。

确实是这样，水对人体具有重要的作用：首先，水是人体的忠诚卫士，比如我们可以通过眼泪冲刷出飞进眼睛里的尘沙，我们可以通过腹泻将不干净的食物从身体中排出；其次，水是人体不可或缺的化学兵，它能够对各种营养物质进行水解作用，以方便人体的消化和吸收；第三，水是人体重要的运输兵，是它将各种营养物质运送到各内脏器官和各种组织，又将新陈代谢的废物运送到排泄器官处，以排出体外；另外，水还是人体体温的调节者，它将人体每昼夜产生的10 000大卡~ 11 000大卡的热量运送到体表，通过呼吸、出汗、排泄等方式，携带热量离开人体，使人体的温度一直保持在37℃左右。所以，人类一刻也离不开水，一旦失水就需要马上补足，只有这样才能更好地维持人体各器官的正常运转。

　　看到这里，我们都已经充分认识到了水对人体的重要性。但是，人体是通过什么方式觉察到缺水这一情况的呢？科学家们通过研究发现：我们在大量失水的时候，血量就会减少，而血量的减少会促使肾脏分泌出一种叫作"血管紧张素"的化学物质，这一化学物质随着血液流入脑内，被脑内某一感受器所捕获，于是就发出了"渴"的信号，提醒人们该补充水分了。但是，也有科学家提出，能够接收到"血管紧张素"的感受器并不都存在于大脑之中，人体的其他部门也参与了渴感的产生。总之，现在科学家们唯一达成共识的一点就是渴感是由血量不足所引发的，但是它具体是怎样引发渴感的，直到今天还没有一个令各方都感到满意的解释。

　　一个看起来毫不起眼的口渴现象，在身体内到底经历了怎样复杂的过程，我们还不能具体地了解。但是毫无疑问，如果没有口渴现象的出现，我们可能会错过及时补充水分的时机，从而影响到身体的正常运转。所以人不知道口渴，并不是一个好现象，我们应该感谢自己具有这样的能力。

人为什么会出汗

　　人体的温度由神经系统中的温度调节中枢控制，一般恒定保持在37℃左右。人们吃进的食物，通过消化和吸收后，有一部分能量被我们日常的活动所消耗，另一部分则转化成热量，散发到外界。

　　人体散热的主要渠道是皮肤，当外界温度低于皮肤表面温度时，人体主要运用辐射、传导和对流的方式散热；当外界的温度高于皮肤表面温度时，出汗就成为人体主要的散热方式。夏天的时候，温度常常在30℃以上，已经高于皮肤表面的温度了，所以出汗就成了人体散热的主要甚至是唯一的方式了。除温度原因之外，情绪紧张、过量饮水、运动量大等情况也会引起人体出汗。

眼睛的清洗剂

眼泪除了有表达强烈感情的作用之外，还有许多其他的作用。比如，眨眼睛的时候，眼泪就能均匀地涂在眼球上，能够对眼球起到湿润的作用；眼泪能够冲刷掉眼球上的杂物，起到清洁的作用；另外眼泪中除了含有盐以外，还含有少量的酶，这一物质能够溶解细菌，起到杀菌和轻微消毒的作用。

那么眼泪是从哪里来的呢？原来，我们每个人一双眼球的中间偏上方都有一个小手指头一般大小的制造眼泪的小工厂，人们把这个小工厂称作"泪腺"。这座小工厂，每天马不停蹄地制造眼泪，也许你想象不到，它制造眼泪的原料就是血液。因为血液中含有少量的盐，因而眼泪中也理所当然地带有盐分，所以我们说眼泪总是苦涩的。

人没有痛感会怎样

很多人对打针都有抵触情绪，因为打针会让人感到很疼痛；运动时不小心磕碰到了关节，也会让人感觉到疼痛难忍；患严重感冒的时候，更是头痛欲裂。人都是怕痛的，没有人会把遭受疼痛看作是一件快乐的事情，但是痛却如影随形，总是伴随在人的左右，许多人对它都是深恶痛绝，期望有朝一日科学家能够让人类摆脱它的魔爪。

其实疼痛并不是一件坏事，它是人体自我保护的防卫措施。如果没有了痛觉，我们怎样来判断外界各种刺激对身体的伤害程度呢？打个比方来说，当你的手接近火焰的时候，你就会感觉到被灼烧的强烈痛感，这时候你就会马上缩回手，以避免手受到更严重的损伤。如果你没有了痛感，你可能不会马上察觉到自己的手正在炙热的火焰上烤着，也许当你发现的时候，整个手掌都已经烤熟了！另外，疼痛还是身体内部出现病状的报警系统。比如，牙疼预示着牙出现了毛病；肚子疼也许是因为你的肠胃出现了异常；嗓子痛则告知人们患了感冒或者喉部发炎。收到这些警告，人们就应该立即到医院

182

使用麻药的趣事

我们知道人在正常的情况下，失去了痛觉将会引起灾难性的后果。但是，当在进行手术的时候，大多数人都会选择使用麻药，因为割肉钻心般的疼痛是一般人所难以忍受的。不错，麻药的出现免去了病人许多不必要的疼痛。知道吗？麻药被发现的过程还有一段有趣的故事呢！

19 世纪中期，美国波士顿的麻省综合医院里有一位 27 岁的牙医，他叫威廉·摩顿。一次摩顿在给病人拔牙的时候，偶然发现病人一闻到乙醚就不感到疼痛了。于是，后来摩顿每每给病人拔牙的时候，都拿出一块浸着乙醚的手帕捂住病人鼻子，以免除病人的痛苦。有了这一绝招，摩顿的门诊顾客颇多。

为了保住自己的"专利"，摩顿还耍了一个小心眼，他用香料和乙醚掺和在一起充当麻醉剂，使病人在使用的时候，不知道麻醉剂是什么东西，从而搞不清他的配方。但是，随着摩顿名气的越来越大，麻省医疗组织主张：如果摩顿不公布他的配方，以使更多人受益的话，就免除他的行医资格。在这种压力下，摩顿才交出自己的配方。

1868 年，年仅 48 岁的摩顿与世长辞，波士顿人们在他的纪念碑下刻下了这样一句话："由于他的发明，开刀的痛苦从这个世界上消失了。"

去检查，以免错过了最佳的治疗时机。如果没有了痛感，那可麻烦了。我们怎样才能尽早知道自己身体内部出现了问题呢，恐怕很难凑巧在病魔刚出现的时候，就被你发现了吧。

所以，痛感对人体具有重要的意义，是人体不可或缺的、起到保护作用的一种生理反应。那么痛感在我们身体内部是怎样产生和

传递的呢？一般认为，痛感的感受器就是遍布于浑身每一寸皮肤的神经末梢，任何外部的刺激一旦接触到你的身体，就会促使痛感感受器释放出一种疼痛因子，这一疼痛因子首先传递到脊髓中，经过简单的整合之后，立即进行分头活动，一方面会让你马上进行简单的防御措施，如你快速把手从火焰上缩回来；另一面则继续沿着脊髓传递到大脑，大脑接收到这一疼痛信息后，会让你做出一些复杂的判断和反应，如你马上会判断出自己是被烧伤了还是被扎伤了，然后做出一些情绪化的反应，如你可能会发火等。

看到这里你可能会说，痛觉有时候确实是不错的，它能够防止我受到进一步地伤害。但是有时候我已经针对伤害进行细致的处理了，但是它还是没完没了地折磨我，比如感冒以后，我已经进行治疗了，但是头疼还是不能立即就好，这时候的疼痛是不是就不应该存在了呢？确实是这样，这时候我们需要适当减轻痛苦，比如医生也可能会给你开止痛药，来帮助你对抗疼痛。总之，对于持续不断地疼痛，我们有必要借助科学的力量来避免或者减轻，然而对于痛感还是不要放弃为好。

人可不可以不生病

我们都有过病痛的经历，这些经历并不值得回味，有时候我们甚至会觉得这些经历简直是不堪回首。想想吧，生病的时候，你连自己都照顾不了，上课是当然不能去了，还有可能连累妈妈请假在家陪伴你。身体不舒服，但还不得不去吃味道并不怎么好的药，严重的话还有可能会去住院，会打针。所以，一般情况下，是没有人会愿意生病的。但是讨厌的疾病并不会因为你的厌烦而知趣地回避，它总会在你不经意的时候突然来临，让你不得不再一次和它展开搏斗。许多人都会默默地祈祷，希望疾病永远不来侵扰自己，但是这种愿望会不会实现呢？人可不可以不生病呢？

人体就像一台机器一样，机器在运行过程中总有零件会出现磨损，人体也一样，所以疾病是不可避免的。具体说来，人们不能避免生病的原因有：首先，饮食结构不尽合理。如今我们的生活条件一天比一天好，主食大多是精米、精面，菜多是含有大量残留生长激素的鸡鱼肉蛋等，这样的食物很容易吃出富贵病来，比如高血压、脂肪肝等。而且，贪吃的小朋友大多喜欢吃虾条、薯片、果冻、冰

淇淋等含有添加剂、香精、色素的方便食品和冷冻食品，这些东西吃多了也会影响到身体健康。其次，现代社会的环境污染愈演愈烈，水源的污染、空气的污染、农药化肥的污染无时无刻不在威胁着我们的身体健康，这都是防不胜防的。最后，生活中遇到一些令人精神紧张或者是不顺心的事情，我们情绪产生剧烈变化的时候，体内还会分泌出一种叫作类固醇的荷尔蒙，使得人体的免疫力下降。有些人一旦发怒起来，就会得病甚至是有生命危险。除了这些原因之外，还有滥用药物、微量元素补充不合理等等原因也都会让人生病。

如何增强免疫力

增强人体免疫力最重要的方法就是"食补"，就是从食物中提取营养物质来增强人体免疫力，而最好的营养食物就是植物，如蔬菜、水果等。

专家研究发现，植物中含有一种叫作"植物营养素"的物质，它能够有效提高人体免疫力，除此之外，植物中所含有的蛋白质、矿物质、维生素等也更易于被人体所吸收。我们在食用植物的时候，要注意全面，食用的种类、颜色越多越好，如果我们能够每天吃12种以上的蔬菜、水果的话，就能很好地保证人体每日所需。另外，我们要注意吃原始的植物，少吃用化学方式提炼出来的产品。如橘子富含维生素，吃橘子本身就很好，如果吃从橘子中提炼出来的维生素 C，那么效果就大打折扣了，甚至还可能出现副作用。

除了多吃植物以提升身体免疫力以外，我们还要保持适量的运动和良好的心境。生命在于运动这一点大家都知道，良好的心境至少能够保证你的免疫系统不受到损坏，因为人在生气的时候，身体内所分泌出来的荷尔蒙能够使免疫系统在半小时内降低。

用头发来诊断疾病

中医通过号脉可以诊断疾病，西医通过验血可以诊断疾病，现在随着科学技术的发展，医生们通过化验头发也可以诊断疾病了。

人体中共含有 40 种微量元素，其中头发中就含有 27 种，而且含量很高，如头发中汞的含量是血液中的 200 倍～300 倍，其他元素也要高出 10 多倍。所以，检测头发中微量元素的含量在医学上有非常重要的意义。

到目前为止，医生可以通过头发诊断出少年糖尿病、锌缺乏症、先天性精神异常等多种疾病。

因为有上述这些原因，所以我们不可能避免疾病的发生，但是只要通过我们自身的努力，尽量少生病以至于几乎不生病还是能够做到的。要实现这一点，除了要注意自己的饮食卫生之外，最重要的就是增加自身的免疫力。人体的免疫系统主要有 3 大功能：抵抗、清除和修补。当病菌侵入人体时，免疫系统会调集免疫细胞与之奋战，最终歼灭来犯之敌；免疫细胞还可以清除体内的垃圾，帮助修复受损细胞。所以，如果人体免疫系统孱弱，就很容易生病，如果人体缺少免疫系统，那么一粒灰尘都可以置人于死地！医生们研究发现，人体 99% 的疾病都与免疫系统有关，这也就是说只要我们的免疫系统状况良好、工作正常的话，我们就不容易得病。

我的大脑和爱因斯坦一样聪明该多好

要问谁是 20 世纪最伟大的科学家，大多数人的脑海里马上会浮现出爱因斯坦的著名头像。不错，这个可爱的小老头提出的"相对论"，揭示了整个宇宙的质量与能量以及质量与速度之间的关系，以至于使牛顿的能量守恒定律等都成为一种特例。因而他堪称天才之中的天才，大师中的大师。如果你能和他一样聪明，那么生活中的许多事情将变得容易，至少你再不会为学校的考试而发愁了。

怎样变得和爱因斯坦一样聪明呢？直接移植大师的头脑也许是一条捷径。当然，这个方法并不是你首先想到的，早在 20 世纪初，随着医学解剖技术的日益成熟，就有科学家设想过从天才人物的头脑中提取智慧素。1955 年，76 岁的爱因斯坦与世长辞后，一个由美国第一流的脑外科专家组成的医疗小组打开了爱因斯坦的大脑，他们渴望能够从爱因斯坦聪明的脑袋中找到天才的智慧所在。但是令人遗憾的是，解剖的结果没有带给人们任何惊喜。那么大师超人的

智慧来自哪里呢？它又到哪里去了呢？

随着科学家研究的日益深入，人们发现：与电子计算机一样，人脑传递信息的媒介也是脉冲电波，即大脑在活动时，先把来自外界的一切刺激、形象或者抽象的概念翻译成脉冲群信号，然后才能被人们所感知。可是，脉冲电波在人脑神经元之间传播的时候，要先变成化学物质的形式，这一物质就是智慧的核糖核酸，它决定了神经元之间传递信息能力的强弱，也是人脑智慧的物质基础。在相同的条件下，每个人合成智慧核糖核酸的能力并不一样，有的人强一些，有的人弱一些，这也就是我们所说的天资上的差别了。爱因斯坦之所以这么聪明，大概是因为他合成智慧核糖核酸的能力更强吧。

复杂的人脑

不得不承认，人脑是我们所知道的所有事物中结构最复杂的一种。科学家们经过近一个世纪的努力才大体上掌握了它的基本形态。

大脑在进行推理、判断、想象、理解以及记忆等思维活动的基本组元是神经元，也叫脑细胞。据科学家统计，人脑中大约有1000亿个神经元，这个数字和整个银河系中星星的数量相仿。同时，每一个神经元中都包含了10000个突触，如果把每个突触看作是一条线路，那么人脑就是一台拥有1000万亿条线路容量的高度精密的电子计算机。其复杂的程度是现今任何人造计算机所不能企及的。可以想象人脑接受和储存信息的能力是非常惊人的，它的理论存储量最多可以达到国家图书馆存储量的1000亿倍以上。但是，由于种种原因，现今人脑所能利用的能力仅占它的总能力的1%左右，因此我们每个人的潜力都很大。

是不是头大就聪明？

长期以来，人们一直认为脑袋越大人就越聪明，也就是说大脑的体积和人的聪明程度成正比。但是事实是不是这样呢？苏联人脑研究所的研究结果大大出乎了人们的意料。

研究结果显示，人脑的智能高低并不同大脑的体积成正比。一般来说，人脑的质量在1300克～1400克之间。尽管俄罗斯著名作家屠格涅夫的脑质量为2000克，但是法国著名作家弗朗斯的脑质量仅有1000克。类似的例子举不胜举，这似乎从反面证明了人类天赋之间的差异其实并不明显。

但是，正如"脑袋越用越灵光"，"天才出自勤奋"等道理所说的那样，天赋高人一筹的人也不能轻轻松松成功。因为科学家们研究发现，后天勤奋的学习和训练能够提高人脑合成核糖核酸的能力，相反如果天才懒于思考，他们的天赋也会慢慢退化。显然爱因斯坦成功的秘诀中，不懈地努力才是更为重要的。

所以，要想获得像爱因斯坦一样聪明的大脑，我们不能寄希望于移植天才的智慧素，不断地用脑才是唯一的途径。

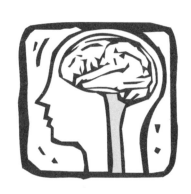

我为什么没有千里眼
和顺风耳

　　动画片《葫芦兄弟》中，葫芦兄弟各具神奇的本领，其中善良的二娃就有千里眼和顺风耳的本领。你看他睁开千里眼，向四周扫视一遍，方圆千里之内所发生的事情尽收眼底；张开顺风耳，任何细微的声音都难以逃脱。真是神气极了！于是每个爱做梦的孩子都会想：如果我也能够拥有一双千里眼和一对顺风耳该多好啊，那样我的生活一定会变得更加丰富多彩。

　　我们为什么没有千里眼和顺风耳呢？这要从眼睛和耳朵的构造说起。我们的耳朵分为外耳、中耳和内耳。外耳由耳郭和外耳道构成，其中耳廓能起到集音的作用，而外耳道具有共鸣腔的作用。外耳内还有耳毛和腺体，腺体的分泌物和脱落的表皮一起混合成耳垢，耳垢有一种苦味，能够驱虫，与耳毛一起对耳朵起到保护作用；中耳由鼓膜、鼓室和听骨链3部分构成。鼓膜是一个椭圆形的薄膜，在声波的作用下能够产生振动，是外耳和中耳的分界线。鼓膜里面有

近视眼和远视眼

一束平行光线，通过瞳孔进入人的眼睛，经过玻璃体、晶体等的曲折后，在视网膜上形成焦点，这时候我们就能清楚地看清物体。如果光线不能在视网膜上形成焦点，人们就会对视物有模糊的感觉，这就是我们所说的近视眼。近视镜是一种凹透镜，平行光通过它会产生一定程度的聚集，聚集后的光线再通过屈光系统，正好能够在视网膜上形成焦点。

与近视眼相反，当外界的平行光线在无调节的情况下，通过玻璃体、晶体等地屈折后，焦点如果落在了视网膜之后，视网膜上就会形成一个光圈，因此人也看不清物体，这种情况就叫作远视眼。远视眼需要通过佩戴凸透镜来调节，当光线通过凸透镜时会产生一定程度的发散，这种光线再通过屈光系统的时候，就会正好在视网膜上聚集成点，人眼就会看到清晰的图像了。

一个 1 平方厘米～2 平方厘米的鼓室，鼓室里面含有空气和有 3 块小骨相互连接而组成的听骨链，听骨链和内耳相连接。中耳不仅具有传导声音的作用，还可以把声音扩大，以方便内耳的感受；内耳的官腔螺旋近 3 圈，外形和蜗牛壳差不多，内部藏有听觉感受器，当声音通过外耳、中耳传进来的时候，听觉感受器可以将声音的震动转化为电能，并通过神经传入大脑的听觉中枢，于是便产生了听觉。所以，我们能否听到声音取决于听觉感受器能否感受到声音的振动，声音在传播过程中振动会逐渐减弱，这就是为什么远处的声音听不清楚的原因。

照镜子仔细观察一下，你就可以看到眼睛的一些结构。首先看到的是黑白眼球，眼球表面有一层透明的薄膜，这就是人的角膜。角膜上布满了神经末梢，感觉非常敏锐。透过角膜你还可以看到一

个呈棕黑色的环形薄膜——虹膜。虹膜中间黑色的圆形小孔就是瞳孔，瞳孔是外部光线进入眼球内部的唯一通道。瞳孔和虹膜的后面隐藏着我们看不见的玻璃体，玻璃体实际上是一个富有弹性的、扁平的双凸镜，它能够通过改变对光线的折射程度，使物像聚集到眼球后壁的视网膜上，视网膜上的感光细胞感受到了物像的刺激，就会把这种刺激传递到大脑中的视觉中枢，于是便产生了视觉。一般情况下，人们站在地面上能够看到 1 600 米外的树木和房屋，在海面上最多能够看到 25 000 米内的船只，再远的物体人类的视觉就捕捉不到了。

虽然受客观条件所限，我们不可能拥有千里眼和顺风耳，但是凭借聪明的大脑，我们可以借助外物来弥补有限的视力。比如我们通过天文望远镜，观察千里之外的星体根本不在话下，这可能是连葫芦娃都无法达到的吧。

夜盲症

夜盲症是由体内缺乏维生素 A 所引起的黄昏以后看不清物体的症状。这种症状的表现是：白天的时候视力几乎正常，但是眼睛对弱光的敏感度明显下降，当黄昏来临的时候，由于光线渐渐暗下来而看不清东西。这种症状人类很少出现，但是像麻雀、鸡等动物却是天生患有夜盲症，所以夜盲症又被称为"雀盲症"或者"鸡盲症"。

维生素 A 的缺乏是怎样引起夜盲症的呢？原来在我们的视网膜上有许多负责感受光线的细胞，这些细胞分为两类，一种是圆锥形的，叫作视锥细胞；一种是圆柱形的，叫作视杆细胞。两种细胞有不同的分工，其中视锥细胞感受强光线，而视杆细胞则能够使人的眼睛感受到弱光的刺激。当维生素 A 缺乏时，视杆细胞的色变得不到充足的补充，致使视杆细胞感受弱光的能力大打折扣，于是就出现了夜盲症的现象。只要及时补充维生素 A，就可以有效地治疗夜盲症。

记住的东西永远也
不忘该多好

我们所知道的一切都是通过学习得来的，记忆帮助我们把这些知识保存起来，并且能够随时取出来以满足我们不时的需要。这样看起来记忆像是知识的银行，它能够给我们提供非常方便的服务。可怕的是有时候它并不值得信赖，它甚至会把我们已经存入的信息弄丢！每个人都会有拍着脑袋想不起来某件事情的遭遇，如果这件事情不巧发生在考试的时候，尤其会让人感到愤怒。

基于过去种种不愉快地经历，我们对记忆大多存在许多不满的地方。但是，令人沮丧的是，我们一刻也离不开它，没有记忆的生活，我们甚至不敢去想象那糟糕的情况。所以，为了使事情能够向好的方向转化，我们唯一能做的就是着手改进记忆的工作效率，使已经记住的东西尽量不要丢失。为了达到这一目标，我们首先应该做的是——了解记忆到底是怎么一回事。

记忆的目的是存储那些对于我们生活来说有意义的信息，因此我

194

科学用脑

用脑要注意科学性，科学用脑能够提高我们的学习效率，使学习达到事半功倍的效果。而科学用脑就要注意以下几点：

首先，我们要勤于用脑，因为脑袋越用越灵光。每天进入我们大脑的信息量很大，但是99%的信息都是暂时记忆，只有1%左右的信息会被储存下来，成为长久性记忆。然而，短暂记忆可以转化成长久性记忆，只要我们勤动脑筋，我们就会记住更多的东西，变得更加聪明。

其次，劳逸结合效果更好。休息好，才能学习好，我们的大脑也是这样。适当的休息，是获得更好效果所必不可少的条件。一般来说，小学生连续使用大脑不宜超过45分钟。

第三，要掌握大脑的工作规律。脑细胞的工作效率并不是24小时都一样的，如同海浪一样有波峰也有波谷。然而到底在什么时间段，脑细胞的工作效率更高，这又因人而异了，有人在上午10点的时候效率较高，有人可能会在晚上的时候达到高峰。我们只有掌握了自己大脑的工作规律，才能提高大脑的工作效率。

最后，要注意给大脑补充营养。大脑细胞内含有丰富的卵磷脂，所以我们也要在日常的饮食中注意多吃一些富含卵磷脂的食物，如鱼虾、蛋黄等。

们在自然状态下由各种感受器官所录入到大脑中的信息，大脑要先进行一遍筛选，把一些无关紧要的信息排除出去。举个例子来说，在你早上上学的时候，如果一路上没有发生什么特殊的情况，你会对路两旁的花花草草有记忆吗？当然不会有，虽然你一定看到过它们，但是因为它们对你来说是毫无意义的，所以在你的脑海里不会留下任何印象。

已经被录入大脑的信息是怎样被记住的呢？美国科学家曾做过一个试验：试验对象是一些涡虫，在实验中，试验人员每开一次灯就电击一次涡虫，重复多次以后，这些虫子对灯光就形成了条件反射，当实验人员再次开灯的时候，涡虫就会立即进行躲避。后来，试验人员又把这些已经拥有了记忆的虫子碾碎，喂给那些没经过训练的虫子吃。结果这些虫子吃了以后，虽然没经过试验，也知道躲避灯光了！因此科学家们推测：这些虫子获得了某种记忆的化学物质，换句话说记忆可能是某种化学物质。但是这种化学物质到底是什么东西呢？记忆的过程到底是怎样的呢？这些还是科学家们无法破解的谜团。

看到这里你可能会有些失望，觉得提高记忆力简直无从着手，事实上你完全可以通过自己的努力提高记忆力。因为人的记忆力不但与遗传因素有关，还与后天的勤奋程度有关。儿童的脑细胞数量比成年人多，但就是因为有些脑细胞在后天得不到记忆的锻炼，才会自行死亡的。而脑细胞数量的多少也直接决定了你记忆力的强弱。所以，只要我们勤动脑筋，减少脑细胞死亡的数量，那么我们记忆的效率就会得到提高。

人类以外的生命
——生物世界

灭绝动物都复活了该怎么办

　　亿万年来，在生命进化的过程中，无所不能的大自然创造出了数以万计的物种，但是其中多达 99.9% 的物种都在时间的洪流中消失了。人类无法准确计算出现今世界上有多少种动物，对于已经灭绝的动物，自然是更加无能为力了。但是，有一点是明确的，如果灭绝的动物都复活了，那么这个世界将变得非常热闹。

　　地球上曾涌现出数不清的生命，有些生命来了又走，转瞬即逝；有些生命则历经时间的洗礼，至今仍活跃在这个美丽的星球上。大自然犹如一个极富创意的魔术师，他让世界上所有的生命都有着兄弟般的情谊，在同一片蓝天之下，鸟儿从空中飞过，猛兽从陆地上跑过，小虫子在草丛中爬过，鱼儿从水中游过，人类缓缓地走过。所有物种都有着相似的基因，殊途同归地度过一生。那么，这些物种是如何生生灭灭的呢？现在就让我们尝试着去翻阅生命不朽的篇章吧。

什么是化石

在博物馆里，口齿伶俐的讲解员滔滔不绝地向你讲述：在人类诞生之前，还有什么动物在这个世界上生存过，它们是如何如何生活的，是什么形状的，生活的环境如何等等。这些灭绝的生物被他们说得活灵活现，就像是他们亲眼看到了一样，他们是通过什么知道这些奇妙的知识的呢？

答案就是化石，化石告诉了人们关于遥远的过去的故事。简单地讲，化石是动、植物死亡以后被埋藏于地下，经过漫长的地质作用所变成的石头。这些石头保存了动、植物的形状特征，科学家们根据这些特征可以辨别出它们所属的种类。如果是动物化石，科学家还可以运用解剖学的知识，勾勒出它们的骨骼，再补充上肌肉和皮肤，这样就可以制做出这个古老动物的画像和模型了。

历史上存在过的生物要成为化石需要满足两方面的条件：首先生物体本身要有一定的硬体，如贝壳、骨骼等，因为这些硬体与肌肉等软组织相比不易氧化和腐烂，更容易成为化石。这就是为什么大多数化石都是骨骼和贝壳的原因；其次，生物体死亡以后还必须有把它迅速埋葬起来的地质环境，因为如果生物体死后长期暴露在空气中或者泡在水中，就会被风化作用破坏或者被其他动物吞食，不能形成化石。

近代被埋藏起来的生物体，比如动物，即便是肉体已经腐烂掉，仅剩下白骨，仍不能称之为化石。化石必须经历沉淀物形成岩石的过程，而骨骼也在这一过程中变得坚硬如石，这一过程最少要经历25 000年的时间。

来自海洋的生命在5亿3千万至2亿4千万年前进入了一个繁荣的时期，恐龙时代以前的怪兽在这个星球上横行肆虐，巨型蜘蛛、丽齿兽、二齿兽、西伯利亚杯龙、大得吓人的千足虫和蜻蜓等等，

199

它们的凶残和怪异远远超出了我们的想象。由于气候的剧变，生活环境的日益恶化，这些可怕的怪物逐渐灭绝了，但是科学家对化石研究证明：怪兽确确实实在我们的星球上出现过，而且曾经不可一世的争霸过。

相对于年代更为久远的怪兽，我们对恐龙要熟悉得多。虽然我们无缘接触活生生的恐龙，但是对于它的尊容却再熟悉不过了。要深入探究恐龙的起源，我们必须回到遥远的三叠纪，那是一个剧烈变动的时代：陆地上第一批飞行家——翼龙飞向了天空；巨大的爬行动物第一次能够畅游大海；而更为热闹的陆地上，千奇百怪的爬行动物纷纷粉墨登场，与恐龙共同书写这个时代的传奇。毫无疑问，恐龙是这个时代的明星，凶残的霸王龙、钢牙利爪的异特龙、温顺的素食主义者梁龙，联袂主演这场大戏！然而，有始便有终，最精彩的节目也有落幕的时候，大约 6 500 万年以前，或者是由于剧烈的地壳运动，或者是由于陨石撞击地球，总之一代霸主彻底退出了历史的舞台。

接着在这个世界上来去匆匆的重要动物还有猛犸象、剑齿虎、麋鹿、塔斯马尼亚虎、渡渡鸟等，而今它们也都离我们远去了。如果所有灭绝的动物都复活了，可以想象怪兽和恐龙横行的场面，聪明的人类或许可以找到一个居高临下的位置，欣赏这场闹剧。然而，这是不可能出现的情景，自然的进化规律不允许出现反复，无论是可爱的、还是可怕的动物一经灭绝便不可能再出现。我们能做的是善待身边的动物，不要因为人类的原因，让这些伙伴离我们而去。

如果恐龙就在我们身边该怎么办

恐龙生活在距今 6 500 万年以前的侏罗纪时期，现在所有恐龙都已经不复存在了，我们说恐龙灭绝了。很显然恐龙一定是遭遇到了巨大的灾难，才会突然从这个世界上消失的，有人认为这个灾难就是气候的巨变。很多科学家认为 6 500 万年前的气候巨变是由于一颗巨大的陨石撞击地球，腾起漫天的烟尘，遮住了阳光，使地球气温骤然降低所造成的，寒冷的气温使当时地球上以恐龙为首的巨无霸们相继灭亡。

也许恐龙灭绝并不是一件令人痛心疾首的事情，因为如果恐龙一直存活在世界上，那么古人类将时刻面临着生存危机。当然，即使如此，人类依靠聪明的才智也依然能够渡过难关，因为早期的人类就曾有过猎杀大型动物的经验，虽然这些动物不如恐龙这般巨大，但是智商或许会更高一筹，所以"傻大个"恐龙并不足以阻挡人类发展壮大的脚步，相反在人类发展的过程中，恐龙可能会因为承受

201

不了残忍的人类的虐待而灭亡。

　　总而言之，我们现在所能找到的只有恐龙的遗骨化石，也只能在电影银幕上一睹曾经陆地霸主的风采。在美国电影《侏罗纪公园》中，科学家们从封存在琥珀中的蚊子身上提取到了恐龙的DNA，然后把恐龙的DNA注入鸵鸟蛋中，借以孵化出小恐龙，最终成功地使6 500万年前的巨无霸来到了现在社会。虽然这只是一部惊悚的科学幻想影片，你可以对里面的情节不屑一顾，但是影片中使恐龙复活的手段，并不是没有科学依据的。也许在不远的将来科学家们

有人从恐龙蛋中提取到了 DNA 吗

　　几年前，在我国的河南西峡地区发现了大量的恐龙蛋化石，有些恐龙蛋化石还被走私到了国外，后来有学者声称从恐龙蛋中提取了DNA，一时间恐龙蛋的话题成了一个热点新闻。

　　但是从恐龙蛋中提取到DNA的说法引起了许多专家学者的质疑，要知道恐龙蛋在地下埋藏至少6500万年了，在西峡的自然环境下，这些恐龙蛋中的有机质应该早已分解殆尽了，而蛋壳内的物质则会在漫长的岁月内置换成与周围环境一样的矿物，而且已经石化。因此其内部含有DNA的可能性不大。就算是提取到了某种DNA，还要首先确定这种DNA不是现时生物偶然掉落到蛋壳中的。要证明这一点，就需要发现者将这种DNA同世间所用动植物的DNA相对比，证明其确实是独特的，才能提出这是恐龙的DNA的猜想。这几乎是一件不可能完成的庞杂任务，所以其提取到恐龙DNA的说法是不可靠的。

　　现在这种可笑的说法早已被科学界所推翻，但是恐龙蛋中的秘密仍在引导着科学家们去发现和研究，也许这一颗颗的恐龙蛋最终将会成为解开一个个自然之谜的钥匙！

恐龙的时代

侏罗纪始于2.03亿年以前，在1.35亿年前结束，共经历了6800万年，在侏罗纪时期发生了许多重要的事情，恐龙的发展壮大就是其中之一。

在侏罗纪时期，一些小型的恐龙进化成了鸟类，使天空中首次出现了动物的身影，这是生物进化史上的一次重要变革。海洋中的鱼龙和蛇颈龙也是恐龙家族中的一员，是海洋中不可忽视的重要力量。再加上它们在陆地上是当之无愧的霸主，侏罗纪时期的恐龙家族在整个世界上具有独一无二的权威！

真的可以从远古化石中提取到恐龙的遗传密码，然后利用类似的方法使恐龙复活。

如果这些幻想最终实现了，没有父母的孤儿恐龙将怎样在这个遍地是人的社会上生存下去呢？我想大多数人不会去主动收养小恐龙，因为抚养这个小宝宝不仅需要很大的院落，而且六亲不认的恐龙长大后还可能会伤害到主人的生命。好吧，就算我们给这些庞然大物准备好了容身之所，那么我们拿什么来喂养它们呢？没有人知道它们的口味是什么，因为没有人亲眼见过它们进餐。也许科学家们能够从恐龙的粪便化石中分析出恐龙的食谱，但是你会发现这些食物地球上根本不存在了！但愿恐龙能够入乡随俗，喝得惯营养丰富的牛奶，健康茁壮地成长起来。对于成年的恐龙我们一定要加强戒备，如果它们突破了围墙，凶神恶煞般去逛街，那么《侏罗纪公园》中的惨剧，恐怕会在现实中上演了。

可见，如果恐龙成了我们的邻居，怎样来招待它们，使双方不至于闹得不可开交，我们还要早作细致的准备啊！

如果地球上没有动物和植物会怎样

　　夏天的时候，讨厌的蚊子总是不断地袭击你，厨房里突然冒出的老鼠总会让你大惊失色，还有花园里总也除不尽的杂草，路边长满刺的野草，想到这些东西你就气不打一处来，恨不得立即将它们从这个世界上彻底清除出去。这个时候，你忘了自己也和这些生物一样，也是地球上的一个居民，而并不是地球的主人，你不能行使主人的权利，随意开除任何一种生物。因为这个世界是互相联系的，每一种生物都有它们存在的理由，如果失去了它们，人类孤零零地生活在这个星球上，后果将是不堪设想的。

　　人类对动植物的依赖程度可能你还没有充分意识到，如果没有动植物，我们根本没有食物来源，根本无法呼吸。我们知道植物在不辞辛劳地进行着"光合作用"，它吸收空气中的二氧化碳，释放出氧气，氧气对于我们人来说是一刻都不能少的。没有了动物，除了品尝不到肉的美味外，整个世界也会失去平衡，最终人类也会走

向灭亡。

那么动植物会不会突然在很短的时间内消失呢？在整个地球的历史上，有许多物种灭绝了。有时候有许多生物在同一时间灭绝，这种情况被称为"大灭绝"。6500万年以前地球上曾出现过一次大灭绝，那次大灭绝造成了恐龙和许多动物都彻底从这个世界上消失了。人类出现之前，物种灭绝的原因往往是气候的巨变；而人类出现以后，特别是人类进入现代社会后，大量物种灭绝的罪魁祸首其实就是我们人类。人们在开辟土地建造城市、农场、牧场或者是公路的时候，并没有征求在当地生活的生物的意见，结果引起了许多生物的死亡。有些生物灭亡得很快，有些生物会挣扎一段时间才慢

迅速减少的热带雨林

在靠近赤道的地区，有一块又热又潮湿的地带，叫作热带。雨林便是热带的森林，它像一条皮带一样环绕地球一周。雨林的面积大约占地球表面积的6%，里面包括的物种超过地球所有生物种类的一半。位于南美洲亚马孙流域的雨林，在只有几万平方米大小的范围之内所包含的植物种类就比整个欧洲地区的还要丰富。

但是，随着人类对土地的不断开发，崭新的农场和牧场取代了大片大片的雨林，雨林正在逐渐消失。也许一些直观的数据可以更好地帮助你了解问题的严重性，据科学家不完全统计，大约每隔一分钟，就有约100个足球场大小的雨林被烧毁，每年约有4000种热带生物灭绝。你也许会觉得那些生物距离我们十分遥远，并不值得我们去痛悼，实际上热带雨林是地球上最重要的氧气制造工厂，而今随着雨林的缩小，毫无疑问氧气的产量将会大大减少，这当然与你是密切相关的；另外医生们也常常从雨林的植物中萃取出挽救生命的珍贵药物，而现在许多珍贵的药材早已或正在化为灰烬。

全球近一半的植物种类濒临灭绝

美国密苏里州植物学会的科学家约恩森等人对189个国家和地区的植物进行研究后发现：有31万～42万种植物种类面临灭绝的命运，这一数字约占全球植物种类的47%。约恩森重点对厄瓜多尔的植物种类进行研究，因为该国有着世界上最完美的植物种类数据库，并特有4000余种本地植物。研究结果表明，该国83%的植物种类濒临灭绝。这一残酷的现实在邻国秘鲁和哥伦比亚同样存在。专家认为造成这一现象的原因是全球气候变暖以及人类肆意开垦土地。而要有效地保护这些植物，除要先对这些植物进行全面的研究之外，更需要人类合理利用自然资源，减少对生物的破坏行为。

慢地消亡，当生物无法忍受人造的新环境的时候，它们就会迅速的灭绝，典型的例子就是热带雨林的迅速减少。

不过值得庆幸的是人类已经认识到了自己的错误，对于因不堪忍受人类的活动而灭绝的生物，人类开始表现出了真挚的歉意，对于濒于灭绝的生物，人类正在全力营救，希望能够保持生物的多样性。自19世纪后期以来，各国的野生生物保护组织纷纷建立起来，对于与我们休戚相关的地球邻居，人类日益显得友善和可亲。当然，如果想要赢得各种生物充分的信任，人类还要不断地努力。

要是猫妈妈能生出小狗多有趣

所谓"龙生龙，凤生凤，老鼠生娃打壁窝"，不用说，你一定能够猜出猫妈妈的宝宝绝对不会是一窝小狗。但是，这是什么原因呢？我想你应该已经知道答案了，因为前面我们曾经提到过相关的概念，就是遗传的作用，下面我们就来详细了解一下遗传。

遗传确实是一件神奇的事情，拿我们人类来说，父亲的一个精细胞和母亲的一个卵细胞相结合，一步一步就会发展成为胚胎、婴儿，然后长大成为一个健康聪明的小朋友。父母和孩子之间的联系仅仅是两个细胞，而这点小小的联系就决定了婴儿是一个人，而不是其他的动物，而且决定了孩子长大后一定会在许多方面与父母非常相像。许多年来，人们一直无法解释这一神奇的现象，一直在追问生物遗传的物质基础到底是什么东西？直到 20 世纪中期，通过科学家的不懈努力才最终取得了收获。科学家们发现生物的遗传物质就是 DNA，DNA 又叫脱氧核糖核酸，它存在于染色体内，是染色

207

体的核心部分，而染色体又是细胞核的主要组成部分。

　　DNA 是怎样决定生物遗传的呢？简单来说，DNA 能够直接控制细胞内的蛋白质合成，而蛋白质合成又与细胞的发育和分裂息息相关，细胞的发育和分裂则直接决定着生物的形态、寿命、习性和结构等特性。其实，早在 DNA 被发现之前，科学家们就猜测生物细胞中存在一种能够控制生物遗传的微粒，他们把这种微粒称为"基因"。现在一切都清楚了，基因不过是 DNA 的一个片断，DNA 中包含着大约 10 万个基因，人的所有特定比如头发的颜色、眼睛的大小等都是由特定的一个或者几个基因所决定的，准确地说，一种遗传特性可能由多种基因所决定，而一个基因也有可能与多种遗传特性相关。

DNA 的结构

　　DNA 是由 4 种核苷酸连接而成的长链，但这 4 种核苷酸是呈一种什么样的形状折叠起来的呢？这个问题曾在 20 世纪 40 年代难倒过无数有志于在这一领域研究的科学家，直到 1954 年两位美国科学家沃森和克里克才找到了正确的答案，建立起了 DNA 的模型。

　　DNA 是由两条核苷酸长链共同围绕一个轴盘扭曲而成的一种双螺旋结构，整体来看很像一把扭成麻花的梯子，两条长链上的核苷酸彼此结成对子，紧紧联结在一起，螺旋体每旋转一周就有 10 对核苷酸，而一个基因由大约 3000 对核苷酸所组成。

　　DNA 双螺旋结构的发现，是生命科学史上一件划时代的大事，它对生物的遗传规律提供了科学、合理的解释，是人类解开遗传之谜的金钥匙，为表彰沃森和克里克两位科学家所做出的卓越贡献，代表科学界最高荣誉的诺贝尔奖就曾被授予给了他们。

基因工程

随着 DNA 的内部结构和遗传机理被人们发现和掌握，科学家们已经不再满足于去探索和揭示生物遗传的秘密了，而是开始跃跃欲试，试图用自己掌握的知识和技术去干预生物的正常遗传。

如果将一种生物 DNA 中的某一段遗传密码片切掉，加上从另一种生物 DNA 链上取来的片断，重新组织出一条全新的 DNA 链，人类就可以按照自己的意愿设计出前所未有的遗传物质，从而造就一种全新的生物。换句话说，只要科学家们愿意，人类有可能制造出"四不像"的奇怪生物来。

这种按照人类的意愿，对生物的基因进行重新施工、补充新材料、产生新物种的做法就叫作基因工程，或者叫遗传工程。基因工程是生物工程的一个重要分支，其他分支还有细胞工程、酶工程、蛋白质工程和微生物工程。生物工程的发展必将会开创人类社会的新局面。

所以，现在我们知道猫之所以不能生出来狗，这是因为猫细胞中的 DNA 和狗细胞中的 DNA 大不相同，猫的 DNA 决定了猫的宝宝只能是小猫崽而不会是具有狗的遗传物质的小狗崽。

209

猴子都变成了人该 怎么办

我们都知道人类是由猿猴进化而来的，那么现在的猿猴会不会进化成人呢？如果猴子进化成了人，像我们人类一样聪明、能干，那么很显然它们不会再甘于忍受人类的摆布，它们可能会致力于成为人类的朋友，当然也有可能成为人的敌人。到时候我们应该怎样去面对它们呢？

其实你根本不必对这些问题太费脑筋，因为猿猴进化成人类是根本不可能的。猿猴进化成人类大约发生在 250 万至 1 400 万年以前，整个进化过程非常漫长，在这漫长的历史时期内地球上的环境发生了天翻地覆的变化。换句话说，即使猿猴还有进化成人的潜力，它也已经失去了进化成人的自然环境。

况且现在的猿猴已经和很久很久以前进化成人类的古猿大不相同了，现在的猿猴是否还具有进化成人的潜质，已经不得而知了。因为人和现在的猩猩、狒狒和猴子等灵长类动物都是从古猿进化而

来的，人是古猿中首先走出森林的那一批进化而来的，而猴子等是古猿进化的另一种结果。你可能会说：不对吧？猴子这么笨，它可能没有经历过进化吧。其实虽然在智力方面其他灵长类动物和人类之间存在巨大的差距，但这也并不能否定猿猴等动物经历过进化。因为自然界是在不断地变化着的，在自然界中的动物只有不断地适应这种变化才能有生存的机会，而如何适应呢，只有通过不断进化自己。现在的猿猴能够经历这么漫长的历史时期，至今依然存活在这个世界上，就说明它们经历了复杂的进化。所以，我们不能说现在的猿猴是我们的祖先，只能说我们和这些灵长类动物有着共同的

生物进化的不可逆转性

生命的历史就是一部物种新陈代谢的历史，现在世界上存在的物种都是地球历史上曾经存在过的物种的后代。过去的物种被现在的物种所取代，现在的物种又必将被未来的物种所代替，旧的不断灭亡，新的不断兴起。已经进化过来的物种，不会再回复到古代的祖先的形式，就像人类不可能再退化成古猿一样。这就是生物进化的不可逆转性。

科学家通过对化石的研究发现：生物的器官已经演化，就不可能在其后代中恢复原状；已经退化掉的器官也不可能重新出现。以马为例，原始马前肢有4趾，后肢有3个脚趾，随着进化，马的前肢和后肢都变成3趾，而现今的马仅剩1趾了，在整个进化过程中，没有已经退化掉的足趾出现反复的现象。

根据自然界的这一规律，我们可以推出，能够进化成人类的古猿已经不可能再出现了。而现在的猴子即使是能够进化成高智慧生物，那也将和人不一样。

人类从哪里来

　　大约是700万～800万年以前，在炎热的非洲森林里生存着一群古猿。这群古猿在森林里生活得很惬意，从没想过有一天要到草原或者陆地上生活。但是，不久灾难出现了，强烈的地壳运动，使大片大片的森林消失殆尽，于是一群爬惯了树的古猿不得不适应没有森林的生活了。

　　这些古猿来到宽阔的地面上，慢慢学会了用树枝或者石块来对付野兽，并挖掘植物的根茎作为食物。一次偶然的机会，好像是天上的雷电引起了火灾，古猿们试着接触火并利用火，慢慢地他们发现火有很多好处，比如火能够吓跑野兽，还能够取暖，最重要的是火烤出的食物更好吃了。这样在火的帮助下，古猿的身体一代代变得更加健康了，智力也得到了发展。

　　经历无数年的进化，古猿终于有了像现代人一样的身体，不错，这些古猿就是人类的始祖，人类就是由他们进化而来的。

祖先。

　　总之，能够使猿猴进化成人的自然环境发生了变化，而具有进化成人潜力的古猿自身也发生了巨大的变化，所以，猿猴已经不可能再进化成人了。当然，生物的进化是持续不断的，猿猴本身的进化也在不动声色地进行，它到底能进化成什么样的生物，这就要看它怎样去适应自然界的变化了。

世界会颠倒吗
——我想改变

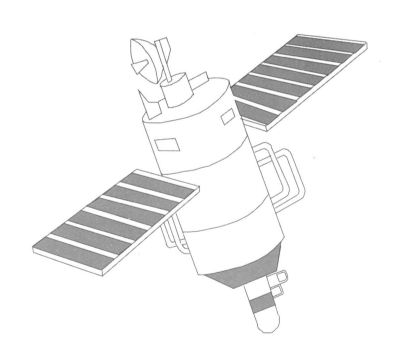

一伸手就能让一座大楼移动该多好

　　如果你一伸手就能让一座大楼移动，那么恭喜你，你一定是具备了传说中的特异功能。拥有了特异功能，你就能做到许多意想不到的事情。隔空取物不过小把戏，扑灭森林大火或者使瀑布倒流才是你的大手笔。拥有了特异功能，在学校里再也没有人敢欺负你了；拥有了特异功能，你想要什么东西马上就能得到。特异功能实在是太奇妙了，世界上是不是真有这种东西呢？现代社会中，经常有"大师"宣称自己具有超强的能力，而且愿意收徒传功，你相信这些人的话吗？

　　特异功能曾经兴盛一时，当时有很多人都相信特异功能存在。于是，这些特异功能大师们愈发地猖獗了，甚至自封为"神"。所谓特异功能应该是超自然能力，这种能力只有神才具有。所以承认特异功能的存在，就相当于承认世界上有"神"。这实在是太荒谬了，世界上当然没有所谓的神了，这一点不必说，你也一定有坚定的信念。

214

今天，绝大多数人们已经看穿了特异功能的真面目。特异功能就像是旧时代的巫术，历史已经反复证明，那些不过是骗人的鬼把戏，根本与科学无关。一些特异功能的崇拜者，花尽积蓄千方百计去证明特异功能的存在，结果无一例外是彻头彻尾的失败。很显然，要证明虚无缥缈的事情，是注定不能成功的。"反伪斗士"司马南曾悬赏百万人民币要与特异功能人士过招，结果所谓的"大师"们无

"舍利子"的形成之谜

据佛经记载，佛祖释迦牟尼逝世后，骨灰中发现了许多五光十色、坚硬如钢的圆形硬物，这就是舍利子，现在是佛门中的珍宝。一般只有得道高僧逝世火化后，才能有舍利子，普通的僧众是不会有舍利子的。因而，虔诚的教徒认为这是佛门高僧潜心修炼的结果，这种观点，无疑是承认了世界上有某种神秘的超自然力量。这当然是不可能的，但是舍利子又是怎么回事呢？

有些专家认为，舍利子是一种结石。他们的解释是：佛门高僧长期食素，摄入了大量的纤维素和矿物质，经过人体长期的新陈代谢，极易形成大量的磷酸盐和碳酸盐，最终以结晶体的形式在体内沉积下来。但是这种解释并不能让人信服，因为世界上食素的人何止千千万万，除了佛教之外，另有不少教派都有食素的教规，为何他们没有出现结石呢？而且一些生前患有结石病的人，死后也没有出现什么舍利子呀！另外，患有结石的人，其身体状况，尤其是消化和泌尿的生理系统肯定会紊乱不堪而导致疾病不断，但是佛门高僧大多是身体硬朗、长寿百岁的老人。

因此，很多人认为结石说不足为信，对于神奇的舍利子科学家们还没有给出更加合理的解释，相信随着科学的发展，终究会真相大白。

一敢应战，这也恰恰说明了"大师"们的心虚，特异功能说不攻自破。所以，对于社会上那些"大师"们的现身说法，我们根本不必理睬，只有愚昧无知的人才会上当受骗。

我们只有通过扎实、踏实的学习获得科学文化知识，才能完成"不可能"的任务。

成为一个巨人会怎样

还记得童话故事里面有关巨人的故事吗？在故事里面，巨人总是具有超强的能力，能够轻易做出常人不可想象的事情来。有时候你可能也会想，如果我成了一个巨人多风光呀，那样我一定可以帮助很多人，一定会受到大家的欢迎。

其实，如果你成了巨人，帮助别人暂且不说，你自己恐怕都会遇到很多意想不到的困难呢。首先你会发现每天的起床都变成了一件困难的事情，以前体形小的时候，可以轻松的一跃而起，而今吭吭哧哧地费了半天的力气才能爬出来。然后你会发现自己的灵活程度根本不能和以前相比了，你的动作像大象一样笨拙，一不小心就会摔跟头，因为体重巨大，每一次摔倒都可能让你受伤。当然你的移动速度也会大打折扣，或许你的步幅比以前大一些，但是频率要慢很多，你不能快速站起来，也不能跳跃，因为巨大的体重不允许你这样做。

如果的你的身体变成了现在的 10 倍大小，按照比例，你会高 10 倍，粗 10 倍，宽 10 倍，那么你的体重会变成现在的 1 000 倍。

地球上最大的动物

蓝鲸是地球上最大的动物，它身长一般在 24 米左右，最长的有 33 米。平均体重超过 100 吨，最重可达 190 吨，大约相当于 32 头大象和 300 头黄牛的重量。

蓝鲸生活在海洋之中，它根本不需要向陆地动物那样支撑庞大的体重，得到足够多的食物也轻而易举。它只需要张开大嘴，悠闲地在海里游荡，就可以享用免费的海鲜自助餐，一次可以吃进去几吨的小鱼、小虾和海水。

你也许注意到了，像大象这样的大型动物和小动物相比，腿所占的比例要大很多。这是因为巨型动物需要粗壮的腿来支撑巨大的体重。所以，因为体重变成了现在的 1 000 倍，你的腿只变成现在的 10 倍显然是不行的，如果你想站立起来，一双臃肿而粗壮的腿将是必不可少的，我想这对丑陋如柱子一般的大腿一定会让你不胜苦恼。

正如你想象的那样，已经成为巨人的你胃口会大开。如果你是一个贪吃的小朋友，也许你会收获一个好消息，因为你可以一刻不停地吃东西，而不会感觉到肚胀。实际上，如果你补充的食物太少，将无法满足巨大的身体正常运转的需要。看看大象吧，这种陆地上最大的动物根本没有太多的时间去嬉戏玩耍，它们几乎一整天都在不停地吃东西。你可能会想到侏罗纪时的巨无霸恐龙，它比大象更为巨大，可以想象它那张勤劳的嘴巴将会多么的繁忙！所以，根据这一点，我们可以对许多怪兽电影不屑一顾，因为陆地上根本不可能存在比大象的体重重 100 倍以上的动物，如果这种动物存在的话，它们就算是不停的进食也不能逃脱被饿死的命运。

可见，如果真有一个巨人存活在这个世界上，他的遭遇恐怕不会

令人羡慕。现在，你十有八九会放弃自己成为一个体格巨大的人的梦想了。但是不要沮丧，你可以努力成为其他方面的巨人，比如思想上的巨人、知识上的巨人等等,这样也同样可以让你有能力去帮助很多人。

恐龙能跑多快

英国动物学家迈克奈尔·亚历山大，曾对许多古代动物和现代动物进行了形态功能的分析研究，其中就回答了恐龙能跑多快的问题。

在研究了恐龙的骨骼化石和足迹化石后，亚历山大认为，很多大型的四足行走的恐龙实际上行动是慢吞吞的，其行走的速度大约为每秒钟1米，和人类散步时的速度差不多。体型较大的两足行走的恐龙快一些，它们的足迹表明其行走速度不超过2.2米/秒，这和人类快速行走的速度相差无几。那些体型较小的，体重在500千克左右和赛马大小相近的两足行走的恐龙，它们能够以12米/秒的速度奔跑，这个速度已经赶上了人类短跑速度的极限，但是仍然大大低于赛马的奔跑速度。外形有点像当今非洲草原上的白犀牛的三角龙最快的奔跑速度可以达到9米/秒，这与人类百米跑健将的水平相当。

用肉眼能看到细菌该多好

我们所看到的世界并不是它真实的样子，这不是世界进行了伪装，而是有些微小的东西，人类的眼睛根本察觉不到，无处不在的细菌就是最好的例子。我们知道细菌并不是让人感觉舒服的东西，因为人类的许多疾病都是拜它所赐。对于人类的身体健康来说，细菌可以说是名副其实的隐形杀手。为此你可能愤愤不平，为了更加有效和准确地应对细菌，你期望自己能有一对看得到细菌的双眼。

据调查报告，一支洗得干干净净的筷子上可能有 700 余种细菌；每一只脏手上大约携带了 40 万个细菌，就算是刚刚用香皂洗过的双手上，每平方厘米的皮肤上仍然可以检查出 3 200 个细菌！人体其他部位的皮肤表面同样携带着大量的细菌，1 平方厘米的面积上大约含有 1 万～ 10 万个细菌；人们在抽查 700 张人民币时发现，竟然有 440 张人民币中带有威胁人类健康的大肠杆菌。除此之外，在我们日常所接触到的各种各样的环境和物品中，如抹布、公用电话、桌椅、水龙头开关和卧具上，甚至在某些食品上都不可避免地被一些细菌和寄生虫卵所占据。试想如果你敏锐的双眼能够看到这些现

220

病菌的危害

由于细菌无处不在，人体接触到细菌的情况就不可避免，其中不乏一些具有强大致病力的细菌，如金黄色葡萄球菌、沙门氏菌、结核杆菌等。这些病菌平时附着在人体皮肤表面或者潜伏在身体内部，当病菌大量繁殖超过人体免疫系统负荷或者身体状况欠佳导致抵抗力下降的时候，病菌就会危害到身体的健康。

全世界每年有几亿人因食物污染而生病。因饮食不卫生所引起的5岁以下儿童腹泻的病例，每年高达15亿例，死亡者约300万人。在我国，平均每天就有600余人死于结核菌感染。

为什么病菌的感染率如此之高呢？这里除了有细菌无孔不入的客观原因之外，更有个人不良卫生习惯的影响。只要我们能养成良好的卫生习惯，切断病菌的传染途径，就会减少患病的概率。

象，你会有什么反应呢？吃饭的时候，你发现光洁的筷子上居然有700余种细菌在蠕动。手面上更是密密麻麻地爬满了细菌。你肯定会到水龙头前不停地冲洗，但是有什么用呢，水里面同样含有细菌。就算是你用最高效的清洁剂来反复清洗自己的物品，用不了3个小时，一切又会恢复正常。你所做的一切都注定是一场徒劳，而你本身也会渐渐具有令人不舒服的洁癖。

所以，我们应该庆幸自己拥有一双不那么敏锐的眼睛，"眼不见为净"，才能平静地接受世界的不干净。当然，这并不代表我们应该放弃所有必要的措施，而是要在适当的范围内尽量去为自己创造洁净的环境。我们应该选择具有除菌和抑菌的活性成分的洗浴用品，常用这样的洗浴用品清洗身体是消灭细菌的最直接和有效的办法。养成良好的卫生习惯是身体健康的关键，只要时时注意，我们的世界就是洁净的。

有益的细菌

细菌历来被人们看作是疾病的罪魁祸首。其实并不是所有的细菌都是"大坏蛋"，有的细菌不但没有坏处，反而对人类有益呢。

美国科学家舍勒尔发现了一种制冷细菌，这种细菌能够在3分钟之内，迅速将体表的温度降低到0℃以下。用它调制成冷却剂，涂抹在伤口周围，可以使细胞组织温度降低，防止伤口发炎，促进伤口愈合。

日本科学家经过许多年的研究找到了一种除草菌。这种细菌生长在杂草上，通过迅速的繁殖，加速了杂草枯萎死亡。而且这种细菌对农作物以及人、畜都无害，也不污染环境，比人造的化学除草剂好多了。

科学家布朗发现了一种在光合调剂下能够产生纤维素的细菌。它所生产出来的纤维比一般的植物纤维要长，质地更加柔软、耐磨。用这种纤维织成布，比棉麻织品更好。

另外，在工业上人们利用细菌来勘探石油；在日常生活中，我们所食用的醋泡菜、红茶菌都是用细菌制成的；细菌还可以把土壤中的养分分解成可供植物吸收的物质，促进植物的生长。所以，我们在消灭有害细菌的同时，要保护有益细菌的生长和繁殖，充分发挥它们对人类的益处。毫无疑问，在不久的将来，会有更多的细菌被人们开发和利用。

我能听懂动物的语言该多好

树林里，鸟儿总是叽叽喳喳地叫个不停；池塘边，青蛙的叫声更是此起彼伏；平静的大海里面，也有无数动物在窃窃私语。这些口齿伶俐的动物们每天都在说些什么呢？如果我能听懂它们的语言该多好啊，那样我一定会交很多动物朋友，在我迷路的时候，在我落水的时候，在我需要安慰的时候，它们一定会帮助我战胜困难。当然，我也会倾听它们的悲伤和喜悦，会尽自己的所能去爱护它们。

这样的梦想你也可能曾经有过，但是动物能够讲话吗？如果它们根本没有语言，我们又怎么能听懂它们"说话"呢？其实和我们人类一样，同类动物之间也需要交流和沟通，它们也有自己的语言。比如，鸟儿和各种兽类就能够通过叫声来传递信息，我们可以根据它们的叫声大体判断出它们意思，因为它们在警戒、愤怒、求偶"唱情歌"的时候发出的声音都各不相同。但是，你知道吗？鱼类和昆虫也有奇妙的语言呢。

223

昆虫并没有像人类一样的耳朵，但是它们对声音非常敏感，能够听到的声音频率比人类宽广得多。它们接收和识别声音的器官是听觉感受器，不同种类的昆虫听觉感受器也各不相同，大体可以分为3类：第一类叫作听觉毛，长在昆虫的触角、尾须或者体表上；第二类是江氏器，位于昆虫触角的第二节里，外表上看不出来，是一种高度进化的听觉感受器，尤以蚊子的江氏器最为发达；第三类

动物的视觉语言和姿态语言

动物除了用声音语言外，还会通过各种不同的动作和形态来表情达意。

豆娘雄虫用闪闪发光的翅膀和优美的舞姿来向雌虫发出求偶信号，而雄蝴蝶的求爱法宝就是美丽的翅膀；雄性萤火虫则用自己尾部末端的发光器，产生一闪一闪亮光，来向异性发出信号，而雌萤火虫接到信号，会迅速做出反应，飞向闪光处。工蜂的舞蹈是最典型的视觉语言，这种舞蹈可以用来告诉同伴蜜源的距离和方向。当蜜源很近时，工蜂跳圆圈舞，就是不断绕着圆圈爬行；如果蜜源较远，工蜂就跳"8"摆尾舞，边爬动边摆尾，一般摇尾的直线和蜂箱的垂直线之间的角度，就是蜜源和太阳的角度，摆尾的频率表示蜜源的远近，在配上声音语言和气味语言，就能够把蜜源的位置准确地描述出来了。

鱼类用鳍来表达感情，张开鳍表示威吓、恐惧，收缩鳍表示友好。鸟类则用扇动翅膀和频频点头向同伴表达意思。兽类繁殖期的动作语言更是丰富多彩，它会竭尽全力向异性表达爱意，向同性表示示威和恐吓。比如海豹在发情期会鼓起鼻囊向"情敌"表示不可侵犯，在争斗中更是将鼻囊鼓得很高，以威吓对方。

是鼓膜,这种听觉感受器很容易从外表上辨认出来,如蝉腹部的疆膜、蝗虫腹部的鼓膜、蟋蟀腿上的足听器等。有了听觉器官,还需要发声器官才能完成交流呀,昆虫们的发声方式也各有绝技。比如,苍蝇、蚊子、蜜蜂等没有专门的发声器,就通过舞动翅膀来发出嗡嗡的声音;蝉利用腹部的弹性薄膜来引吭高歌;有种天蛾用吹口哨的方式来和同类交流等。有了听觉感受器,又有了发声的方式,这样昆虫就可以形成一套完整的声音通信系统了。

鱼类的语言更是丰富多彩,沙丁鱼发出的声音犹如阵风吹过树林,"哗啦、哗啦";海鲇鱼发出的声音好像是鼓手正在演奏,"咚,咚";海马大概是嗜睡的懒虫,它发出来的声音就像是人在打鼾,"呼噜、呼噜"。鱼类发出的声音具有重要的生物学意义,是个体之间相互联系的重要方式。除此之外,声音还可以用来探测水深,在危险来临的时候,警告鱼群抓紧逃跑。

可见,无论是天上的飞禽、地上的走兽、水里的鱼类还是小小的昆虫,它们都有自己的"语言",要听懂这些有趣语言,我们没有现成的"翻译器",只有通过长期细致的观察和领悟才能达到目的。

我要像鸟儿一样飞

　　从几千年前开始，人们就一直梦想着能像鸟儿一样飞行，甚至有人还自制了翅膀，绑在两臂上，模仿鸟的动作，希望能够冲向蓝天。但是，看起来强壮的翅膀根本不能支撑人的重量，一次次的尝试换来的总是失败。直到一百多年以前，赖特兄弟发明了飞机，人类与天空的距离才得以大大缩短。

　　为什么我们不能像鸟儿一样飞行呢？为什么我们制造出来的翅膀不能派上用场呢？这是因为我们所制造出来的翅膀与鸟儿的翅膀有很大的不同，它不可能像鸟儿的翅膀一样运动。也许你要问："为什么人造的飞机翅膀能够带领我们起飞呢？"实际上，飞机的两翼并不会像鸟儿的翅膀一样上下拍动，它之所以能够冲上蓝天，完全得益于喷射引擎和螺旋桨所带来的动力，而机翼主要起到保持平衡的作用。除此之外，还有一个很重要的原因，就是我们还没有强壮到能够支撑自己的体重，要知道大部分能够自由飞翔的鸟儿都很轻，骨头是中空的，只需要拍动几下翅膀就可以让身体保持在空中，越是体重大的鸟儿，它的翅膀就越长，每挥动一次翅膀所要花费的力

伯努利定理

瑞典的科学家伯努利通过研究发现：当空气流动时，流动速度快的地方压力会变小。后来这一发现被命名为伯努利定理。

为了更深刻、直观的理解伯努利定理的运作，我们可以来做一个简单的实验：找来2个气球，用线挂起来，中间留出一点空间。然后对着气球之间用力吹气，这时两个气球就会向中间靠拢。之所以出现这种情况，就是因为你吹出的气加速了两气球之间的空气流动，使得其空气压力变小。

飞机的飞行有一部分依靠的就是伯努利定理，如飞机翅膀形状的设计，就力求做到使飞机上方的空气流动尽量快，这样飞机上方的空气压力小，下方较大的压力就会把飞机往上推，帮助飞机向上爬升。

气就越多。像我们人类这样的体重，想飞翔起来，无疑需要巨大的翅膀，而不断挥动这种巨型的翅膀就算是大力士也难以做到。

可见，人类想要像鸟儿一样飞翔，是很难做到的了。但是聪明的人类能够制造出别致的小飞机，驾驶这种小型飞机和乘坐普通客机不同，人类能够更好地体验像鸟儿一样飞翔的快感。这种飞机很轻，没有引擎，一个人仅靠自身的力气就可以驾驶这种飞机在空中飞翔。操纵这种飞机的人要不断蹬踏着类似脚踏车的踏板，好让飞机的螺旋桨转动起来，为飞行提供动力。但是，这种飞机并不是谁都能驾驶起来的，它要求驾驶者必须身强力壮，有足够的力气维持螺旋桨的高速旋转，让飞机飞得更高、更远。

总之，虽然我们因为天赋所限，不能像鸟儿自在地飞翔，但是随着科技的发展，未来一定会出现更加轻便的飞行器，到时候我们可以操纵着这种飞行器到任何地方，或许会比鸟儿更加自由。

我想像鱼一样长久 生活在水中

　　鱼儿是水里的精灵，它们优雅地舞动美丽的尾巴，自由自在地游来游去。一会儿绕着柔软的水草戏耍一番，一会儿又探出水面，看一看陆地上的世界。饿了能够在水里找到丰美的食物，渴了张口就是甘甜的河水，困了就躺在水里睡着了，生活是那么的悠闲而清静。鱼儿的幸福生活常常能够让陆地上的人类非常向往，尤其是在赤日炎炎的夏天，挥汗如雨的人们无不想跳进清凉的河水里面，变成一条无忧无虑的鱼儿。你是不是也曾有过这样的梦想呢？

　　其实鱼儿能够在水里生活，是由它的身体构造所决定的。而人的身体结构只适合在陆地上生活，如果你想挑战大自然的规律，到水里面去生活，那么就将遇到许多难以克服的障碍。首先，你会感觉到根本无法呼吸。我们知道空气是人体一刻也离不了的，但是在水里只要你张开嘴巴，马上就会有水灌进来，根本呼吸不到空气。但是鱼儿就不同了，它能够借助鳃从水里面分离出氧气，以维持自

228

水里的鱼是怎样休息和睡觉的

鱼没有眼皮，昼夜都睁着眼睛，睡觉的时候也是这样。大多数鱼类所谓的睡觉就是找一个地方，静静地待一会，就算是睡觉了。

人们饲养的金鱼，有时候会躲在假山或者水草的阴暗处一动不动，这就是睡觉了。而海里的一些鱼则喜欢钻到沙子里面睡觉。有的鱼睡觉很有意思，如咧嘴鱼和南洋鹦嘴鱼，它们的身体能够分泌出一种胶状物质，在困了的时候，它们像顽皮的小孩子一样，把这种胶状物质吹成一个大泡泡，然后自己钻到泡泡里面，只留个小孔，就像是在睡袋里面睡觉一样。而一些有洄游习性的鱼则是一边游泳、一边睡觉，比如金枪鱼、鲭鱼和嘉鱼，一天到晚不停地游来游去，使人们也分不清它们是什么时候睡觉的。

己的需要；其次，你发现自己的游泳速度永远也赶不上鱼儿，这是因为鱼儿的身体呈流线型，中间大两头小，是最适合游泳的体形。另外，鱼的身体上长有胸鳍、背鳍、腹鳍和尾鳍，这些器官能够帮助鱼儿划水；身体两侧还有一行侧线与神经相连，能够测定方向和感知水流；接着，你会发现自己比一般鱼类更容易受到大型水中生物的攻击，这是因为你没有保护色，鱼儿身上的颜色上深下浅，能够较好地融入水里的环境，不易于被对手所发现；更糟糕的是你根本不能在水里平衡自己的身体，一会儿漂上去，一会儿又沉下来，是浮还是沉根本由不得自己做主。而鱼儿就不同了，它体内的鳔能够起到身体比重的作用，在鳔和鳍的帮助下，鱼儿可以停留在不同的水层里面。总而言之，如果你生活在水里，根本就寸步难行。

看到这里，你可能会感叹鱼儿的本领高强，而惭愧于自身的一无是处。其实，你完全不必灭自己威风而涨鱼儿士气，水里是鱼儿

的地盘，但是陆地上却是鱼儿所不能适应的环境。这是因为，鱼儿的鳃可以把水中的氧气分离出来，却不能吸收空气的氧气，所以一旦鱼脱离了水，它就会窒息而死。